成渝地区双城经济圈高质量协同发展研究丛书

本书系四川省社会科学院科研创新团队建设资助成果

成渝地区双城经济圈
人才协同建设长效机制研究

边慧敏　钟　鑫　冯卫东 / 著

西南财经大学出版社

四川·成都

图书在版编目(CIP)数据

成渝地区双城经济圈人才协同建设长效机制研究/边慧敏,钟鑫,冯卫东著.—成都:西南财经大学出版社,2023.1
ISBN 978-7-5504-5611-2

Ⅰ.①成… Ⅱ.①边…②钟…③冯… Ⅲ.①人才培养—研究—成都②人才培养—研究—重庆 Ⅳ.①C964.2

中国版本图书馆 CIP 数据核字(2022)第 210998 号

成渝地区双城经济圈人才协同建设长效机制研究

CHENG-YU DIQU SHUANGCHENG JINGJIQUAN RENCAI XIETONG JIANSHE CHANGXIAO JIZHI YANJIU

边慧敏　钟　鑫　冯卫东　著

责任编辑:石晓东
责任校对:陈何真璐
封面设计:墨创文化
责任印制:朱曼丽

出版发行	西南财经大学出版社(四川省成都市光华村街55号)
网　　址	http://cbs.swufe.edu.cn
电子邮件	bookcj@swufe.edu.cn
邮政编码	610074
电　　话	028-87353785
照　　排	四川胜翔数码印务设计有限公司
印　　刷	四川五洲彩印有限责任公司
成品尺寸	170mm×240mm
印　　张	9.25
字　　数	201 千字
版　　次	2023 年 1 月第 1 版
印　　次	2023 年 1 月第 1 次印刷
书　　号	ISBN 978-7-5504-5611-2
定　　价	68.00 元

前言

　　党的二十大报告提出以城市群、都市圈为依托构建大中小城市协调发展格局，推进以县城为重要载体的城镇化建设。《中华人民共和国国民经济和社会发展第十四个五年规划和2035年远景目标纲要》对我国19个不同发展阶段的城市群提出了具体规划要求，强调要优化提升京津冀、长三角、珠三角、成渝、长江中游五大城市群。城市群作为我国城镇化的重要载体，已成为支撑中国经济高质量发展的主要平台。成渝地区双城经济圈是继京津冀、长三角、粤港澳三大区域之后，国家在区域协调发展上的重大战略布局。不同的是，京津冀、长三角、粤港澳三大区域都在沿海地区，借助国际航运条件，在区位上占有明显优势，且抓住了改革开放的先机，设立了特区、新区、开发区以发展外向型经济。成渝地区双城经济圈从来都是国家的战略大后方，从"西部大开发"开始发展，在实施向西开放战略中崛起，依托长江黄金水道、中欧班列、亚欧大陆桥、孟中印缅经济走廊、西部陆海新通道等，直达中亚和欧洲，与全世界联系在一起，具有独特的区位优势。

　　人才是第一资源，尤其是人才中的专业技术人才。现有研究表明，人力资本对经济增长的确具有重要作用，经济发展水平很大程度上会受到人力资本投资的影响。人力资本对于缩小不同区域间的经济发展差距具有重要作用，是落后地区追赶发达地区经济发展的关键要素。专业技术人才作为有"活性"的人力资本，比物质、货币等"刚性"资本具有更强的创新性和更广阔的增值空间，特别是在信息时代和知识经济迅猛发展的背景下，人力资本所具有的边际报酬递增的属性，决定了人力资本投资对经济增长具有更高的回报率。

本书通过理论与实践相结合的方法，对成渝地区双城经济圈专业技术人才协同发展以及对经济发展的影响展开研究。本书共分为四个部分。第一部分是全书的理论基础，包括区域协调发展战略、专业技术人才内涵及相关理论，分析了中国区域协调发展战略的过程和内涵，指出了实施区域协调发展战略的总体思路和重要意义，回顾了专业技术人才的相关理论。第二部分是全书的实践基础，包括成渝地区双城经济圈解读及重点城市现状分析、区域人才协同发展的动力与路径，分析了成渝地区双城经济圈的研究背景、相关政策和宏观环境，阐述了成渝地区重点城市的经济发展情况和变化，论证了区域人才协同发展的动力与路径。第三部分是全书的论述重点，包括成渝地区双城经济圈重点产业机遇分析、成渝地区专业技术人才队伍建设现状，介绍了成渝地区双城经济圈的重点产业发展现状与产业机遇，全面对比分析了成都市与重庆市两地的专业技术人才现状，并指出两城之间人才聚集和流动的主要特征，分析了人力资源服务产业对成渝地区双城经济圈的支撑作用。第四部分是全书的对策建议，分析了成渝地区双城经济圈人才协同发展面临的困难，针对性地提出了成渝地区双城经济圈建立人才发展长效机制的建议。

专业技术人才是推动科技创新的源动力，是实现科技创新与产业之间的连接与耦合，是加快三次产业提档升级的"资源池"。成渝地区双城经济圈是国家级重大战略，成渝地区在推动人才协同促进区域经济实现系统性、持续性发展方面，尚处于起步阶段，在许多方面还需要进一步探索。

著者

2022 年 12 月 1 日

目录

第一部分
区域协调、专业技术人才理论基础

1　区域协调发展战略概述

　　2017年，习近平总书记所作的党的十九大报告从我国区域发展新形势和决胜全面建成小康社会、开启全面建设社会主义现代化国家新征程的新要求出发，明确提出要实施区域协调发展战略。这是对"两个一百年"奋斗目标历史交汇期我国区域发展的新部署，是今后一个时期推进区域协调发展的行动指南。

　　本章分析了中国区域协调发展战略的过程和内涵，指出了实施区域协调发展战略的总体思路，并指出了区域协调发展战略的重要意义：新时代实施区域协调发展战略，对我国实现全体人民共同富裕，增强区域发展协调性，拓展区域发展新空间，推进现代经济体系建设，实现"两个一百年"奋斗目标，具有重要的战略意义①。

1.1　区域协调发展战略的内涵及发展历程

1.1.1　区域协调发展战略概念提出的背景

　　区域协调发展的概念在"九五"计划中正式提出。当时的社会经济发展背景是：经过10多年的改革开放，我国经济社会发展取得了长足进步，经济增长进入了持续起飞阶段。然而，随着城乡收入差距不断扩大，中西部地区与东部沿海地区发展差距不断扩大，区域发展不协调等问题越来越受到重视②。

---

①　王一鸣. 实施区域协调发展战略 [N]. 经济日报，2017-11-16（3）.
②　孙久文. 论新时代区域协调发展战略的发展与创新 [J]. 国家行政学院学报，2018（1）：8-10.

区域协调发展战略和政策是在解决区域发展不平衡等区域问题的过程中产生的。这是国家为促进区域协调发展、发挥区域比较优势而对不同地区做出的政策安排。中国的区域协调发展战略和政策随着社会经济现实的变化而不断调整机制和行动方向。自 1978 年以来，区域协调发展战略从不平衡发展逐步走向协调发展，即 1990 年之前为向东倾斜的不平衡发展阶段、1991—1998 年为开始关注中西部的区域协调发展战略启动阶段、1999 年以后进入区域协调发展战略全面实施阶段。区域协调发展政策也随之进行了上述三个不同阶段的演变。特别是自 1999 年以来，国家先后实施了"西部大开发""东北振兴""中部崛起"战略，并在财政、税收、金融、投资、土地等方面对贫困地区、民族地区、边境地区、资源枯竭城市和重要灾区给予积极支持；2005 年以来，中国陆续出台百余项国家战略性区域规划文件或区域发展指导性意见，细化和落实中国区域发展总体战略和主体功能区战略，以期推动形成区域协调发展、良性互动的新格局。

宏观层面的区域发展战略及政策对区域差距变动的影响早已被诸多学者认识。保罗·克鲁格曼指出，偶然事件（包括某种战略决策和制度安排）、产业集群和路径依赖（包括产业基础、区位和自然条件）是区域发展的三大影响要素；厉以宁、林毅夫、刘培林、陈秀山、高新才、陆大道等学者均指出中国梯度转移等区域协调发展战略的实施是东西部经济差距不断扩大的重要原因[①]。

1.1.2 区域协调发展战略的理论内涵

（1）区域协调发展的理论标准。

"协调"的含义是"配合良好、步调一致"。所谓的协调发展是指促进相关系统的平衡和协调，充分发挥各种元素的优势和潜力，让每个发展要素满足其他发展要素需求；充分发挥整体功能，并实现经济和社会的可持续、平衡、健康发展。

从理论上讲，协调发展是人们对市场经济规律的认识，是将经济规律与自然规律结合起来后对客观世界认识的总结。在协调发展的过程中，我们需要有意识地纠正一些地区重视经济增长，忽视社会进步；重视效率，忽视公平；重

---

① 张晓青.中国区域协调发展战略和政策的增长趋同效应研究 [M].济南：山东人民出版社，2015：3-7.

视物质成就，忽视人的价值；重视眼前利益，忽视长远福祉；重视局部，忽视全局等的做法。经济社会实现可持续发展的战略目标是：既要追求国内生产总值（GDP）的增长，又要在经济发展的基础上增进全体人民的福祉。

从区域发展的宏观目标来看，区域协调发展的理论标准包括以下四点：

一是缩小并最终消除区域发展差距。当前，推动区域协调发展最重要的任务之一是努力使人均生产总值保持在适度区间，并在实现均衡发展的过程中逐步缩小地区差距。

二是实现区域公共服务的适度平衡。义务教育、公共卫生、基本医疗、社会保障、就业、扶贫开发、防灾减灾、公共安全、公共文化等基本公共服务不应该因地区、人口的不同而存在明显差距。

三是实现区域发展机会的平等。这些平等的机会包括平等的资源开发机会、基础设施建设机会、城市建设机会、乡村振兴机会等。因此，不同地区的比较优势可以合理、有效地被发挥出来，从而有效地消除区域间的利益冲突，实现区域间的优势互补、互惠互利。

四是实现人口、资源、环境的可持续发展。习近平总书记提出的"绿水青山就是金山银山"，从根本上明确了人口、资源、环境协调发展的基调。人只有与自然和谐相处，才能真正实现区域可持续发展①。

（2）区域协调发展战略的内涵。

区域协调发展战略是指根据区域发展优势与条件、发展要求和发展目标，对特定区域未来经济社会发展等方面所做的高层次、全局性的宏观谋划，它具有综合性、全局性、阶段性和地域性等特点。

自20世纪90年代以来，国内学者对中国区域协调发展的研究由浅入深，并形成了一些具有代表性的观点。国土开发与地区经济研究所课题组、陈栋生等学者对区域协调发展内涵的界定基本接近，且得到广泛认同。他们认为，区域协调发展具有十分丰富的内涵。从科学发展的角度看，它包含全面的协调发展、可持续的协调发展、新型的协调机制等多方面的含义。全面的协调发展不仅包括区域间经济、社会、文化和生态的协调发展，而且包括城乡协调发展、人与自然和谐发展、经济与社会协调发展等内容；可持续的协调发展是指促进

---

① 孙久文. 论新时代区域协调发展战略的发展与创新［J］. 国家行政学院学报，2018（1）：8-10.

地区间和区域内资源高效集约利用，推动形成生产、生活、生态协调发展的格局；新型的协调机制是指利益相关群体共同参与、商讨解决生态补偿、基础设施、重大项目等跨地区问题的制度安排，是协调区域冲突的根本途径。

(3) 国家规划纲要中关于区域协调发展战略的阐述。

无论是发达国家还是发展中国家，由于地理第一性和地理第二性的作用，各区域之间的发展水平存在着不同程度的差距。作为一个发展中国家，中国各地区的自然、经济、社会条件差距显著，区域发展不平衡是基本国情，缩小地区差距、实现协调发展一直是理论界和政策制定者重点关注的问题之一。

《中华人民共和国国民经济和社会发展第十个五年计划纲要》（以下简称"十五"计划）提出"实施西部大开发战略，促进地区协调发展"和"实施城镇化战略，促进城乡共同进步"。其中，"促进地区协调发展"具体包括"推进西部大开发""加快中部地区发展""提高东部地区的发展水平""形成各具特色的区域经济"等。《中华人民共和国国民经济和社会发展第十一个五年规划纲要》（以下简称"十一五"规划）首次提出"实施区域发展总体战略""推进形成主体功能区"和"促进城镇化健康发展"，并提出"坚持实施推进西部大开发，振兴东北地区等老工业基地，促进中部地区崛起，鼓励东部地区率先发展等区域发展总体战略"以及"支持革命老区、民族地区和边疆地区发展"。《中华人民共和国国民经济和社会发展第十二个五年规划纲要》（以下简称"十二五"规划）进一步提出"实施区域发展总体战略""实施主体功能区战略""积极稳妥推进城镇化""优化格局、促进区域协调发展和城镇化健康发展"。其中，"实施区域发展总体战略"包括"推进新一轮西部大开发""积极支持东部地区率先发展""加大对革命老区、民族地区、边疆地区和贫困地区扶持力度"几个方面。

可见，"十五"计划中沿用"西部、中部、东部"的区域格局表述，提出了不同区域发展战略和城镇化战略。"十一五"规划第一次采用"西部、中部、东北、东部"四大区域发展战略的表述，并强调缩小区域差距、逐步形成区域协调发展格局，首次提出推进形成主体功能区。"十二五"规划在四大区域发展战略前冠以"新一轮""全面""大力""积极"等词语，体现出国家继续贯彻区域总体发展战略的决心。

1.1.3 区域协调发展战略的发展历程与历史成就

（1）区域协调发展战略的发展历程。

①区域协调发展第一阶段（1995—2000 年）。

20 世纪 70 年代末，中国开始实行改革开放。当时，中国区域经济的均衡水平较低。改革开放之初，邓小平同志提出了"两个大局"的伟大构想：一个大局，就是东部沿海地区加快对外开放，使之较快地先发展起来，中西部地区要顾全这个大局；另一个大局，就是当发展到一定时期，就要拿出更多的力量帮助中西部地区加快发展，东部沿海地区也要服从这个大局。

改革开放后，东部地区抓住发展机遇，充分发挥了劳动力成本优势，并顺应了区域发展战略倾向于沿海地区的趋势，因此，中国沿海地区的经济快速发展、制造业基地快速建立。与此同时，中西部地区由于地理位置不利，远离海洋，对外开放程度低，经济发展滞后，与东部地区的经济发展差距逐渐拉大。到 1995 年，东部地区和西部地区人均地区生产总值的比值扩大到了 2.3∶1。

为了改变区域差距扩大的趋势，我国自"九五"计划以来提出了缓解区域发展差距扩大的建议，主要途径是协调区域发展。因此，1995—2000 年是区域协调发展建议的提出阶段。在这一时期，学术界对区域协调发展的内涵和主要内容进行了探讨，特别是对我国区域发展差距进行了探讨，重点分析了区域差距产生的原因并寻找解决的办法。

②区域协调发展第二阶段（2001—2012 年）。

21 世纪后，区域协调发展进入战略建设时期。1999 年年底，我国明确提出要实施西部大开发战略。我国区域经济发展已进入东部地区支撑西部地区的新时期。据统计，2000—2009 年，西部地区地区生产总值年平均增长率为11.9%，高于中国同期的 GDP 年增长率。这一时期最显著的特点是基础设施建设取得了突破：重点项目如青藏铁路、西气东送、西电东送已经完成。特别是大规模的交通基础设施建设，改变了西部地区交通不便的局面，使物流更加顺畅，出行更加便利。

2003 年，我国提出实施东北地区等老工业基地振兴战略。该战略的核心是对东北地区等老工业基地实施技术改造，增强其发展能力。国有企业改制也取得了很大进展。2004 年，我国首次明确提出促进中部地区崛起。为此，我国在安徽皖江城市带、湖南湘南、湖北荆州等地建设了承接产业转移的国家级示范区，并取得了明显成效。

在西部大开发、东北振兴、中部崛起等区域发展战略实施后，覆盖全国的区域发展战略开始初具规模。2004 年，政府工作报告提出，"要坚持推进西部大开发，振兴东北地区等老工业基地，促进中部地区崛起，鼓励东部地区加快发展，形成东中西互动、优势互补、共同发展的新格局"，这标志着全国区域协调发展进入新阶段。党的十七大报告在区域发展总体战略的基础上，加上了生态文明建设的内容。

表 1-1 列出了部分国家级区域协调发展战略规划。从表 1-1 中可以看出，国家级区域协调发展战略中的地方因素权重逐渐增大，地方政策可以通过多种方式参与国家级区域发展战略的制定，并争取到更多的先行先试自主权[1]。

表 1-1　国家级区域协调发展战略规划（部分）[2]

时间	相关政策、规划
2008 年 12 月	《珠江三角洲地区改革发展规划纲要（2008—2020 年)》
2009 年 5 月	《关于支持福建省加快建设海峡西岸经济区的若干意见》
2009 年 6 月	《关中—天水经济区发展规划》
2009 年 6 月	《江苏沿海地区发展规划》
2009 年 8 月	《横琴总体发展规划》
2009 年 9 月	《促进中部地区崛起规划》
2009 年 11 月	《中国图们江区域合作开发规划纲要》
2009 年 12 月	《黄河三角洲高效生态经济区发展规划》
2009 年 12 月	《鄱阳湖生态经济区规划》
2009 年 12 月	《甘肃省循环经济总体规划》
2010 年 1 月	《关于推进海南国际旅游岛建设发展的若干意见》
2010 年 1 月	《皖江城市带承接产业转移示范区规划》

③区域协调发展第三阶段（2013—2018 年）。

党的十八大后，习近平总书记反复强调，要继续贯彻落实区域发展总体战略，促进区域协调发展，这是今后很长一段时间区域发展的基本战略思路。习

---

① 孙久文. 论新时代区域协调发展战略的发展与创新 [N]. 企业家日报报，2018-09-10 (1).
② 查新明. 新疆维吾尔自治区双向开放开发战略研究 [D]. 北京：中央民族大学，2011.

近平总书记强调要贯彻落实区域发展总体战略，完善和创新区域政策和区域规划。习近平总书记特别强调要缩小政策单元，重视跨区域、次区域规划，促进区域协调发展。

多年来，我国区域发展战略的政策都从宏观层面对各大区域协调发展进行战略指导。从顶层设计的角度来看，宏观的战略指导无疑是不可或缺的。然而，战略的实施需要具体的区域规划，这就需要提高区域政策的准确性，更有效地根据当地的资源条件和发展环境提出有针对性的发展路径。

④区域协调发展新阶段（2019—2020年）。

目前，我国经济由高速增长阶段转向了高质量发展阶段，这也对区域协调发展提出了新的要求。2019年，习近平总书记在《求是》杂志上发表重要文章——《推动形成优势互补高质量发展的区域经济布局》。文章指出："当前，我国区域发展形势是好的，同时出现了一些值得关注的新情况新问题。一是区域经济发展分化态势明显。长三角、珠三角等地区已初步走上高质量发展轨道，一些北方省份增长放缓，全国经济重心进一步南移。2018年，北方地区经济总量占全国的比重为38.5%，比2012年下降4.3个百分点。各板块内部也出现明显分化，有的省份内部也有分化现象。二是发展动力极化现象日益突出。经济和人口向大城市及城市群集聚的趋势比较明显。北京、上海、广州、深圳等特大城市发展优势不断增强，杭州、南京、武汉、郑州、成都、西安等大城市发展势头较好，形成推动高质量发展的区域增长极。三是部分区域发展面临较大困难。东北地区、西北地区发展相对滞后。2012年至2018年，东北地区经济总量占全国的比重从8.7%下降到6.2%，常住人口减少137万，多数是年轻人和科技人才。一些城市特别是资源枯竭型城市、传统工矿区城市发展活力不足。"造成这些现象的原因，正是东部沿海发达地区利用其强大的虹吸力量，源源不断地将资金、人才等从西部、东北地区吸走。

人力与人才是社会经济的决定性因素。大量的人口都迁往沿海地区，不仅会造成区域经济发展失衡、加剧东部地区的资源紧张状况，更会造成广袤的北方和西部地区的人口和产业的空心化。

改变大区域下的经济失衡，在2020年开年正式破局。2020年1月3日，在中央财经委员会第六次会议上，"黄河流域生态保护和高质量发展"和"推动成渝地区双城经济圈建设"两大核心议题应运而生。成渝地区双城经济圈、兰州-西宁城市群、黄河"几"字弯都市圈等均被提及。中国在促进区域协调发展的背景下，构建北方与西部的内陆经济高地，加快推进为广袤的内陆地区注入"洪荒之力"的战略部署。习近平总书记指出："推动成渝地区双城经济圈建设，有利于在西部形成高质量发展的重要增长极，增强人口和经济承载力；有助于打造内陆开放战略高地和参与国际竞争的新基地，助推形成陆海内外联动、东西双向互济的对外开放新格局。"成渝地区作为西部经济腹地和战略后方，以全国1.9%的土地面积承载了全国6.9%的常住人口，创造了全国6.3%的经济总量。

（2）区域协调发展的历史成就。

新中国成立以来，我国区域发展呈现出协调性增强、活力增强的良好态势。

区域发展薄弱环节明显改善。我国脱贫攻坚战取得了全面胜利。党的十八大以来，以习近平同志为核心的党中央把脱贫攻坚摆在治国理政突出位置，团结带领全党全国各族人民，经过8年持续奋斗，取得了脱贫攻坚战的全面胜利，完成了消除绝对贫困的艰巨任务。为摸清脱贫实际成效，党中央、国务院作出开展国家脱贫攻坚普查的决定。在国家脱贫攻坚普查领导小组的正确领导和相关地区、部门的共同努力下，2020年至2021年年初，21万多名普查人员对中西部22省（区、市）开展了国家脱贫攻坚普查。普查结果显示，现行标准下农村贫困人口全面实现了脱贫。

重大战略实施取得重大进展。京津冀发展协同性明显增强，长江经济带的水质逐渐改善。长江三角洲地区努力实现更高质量的集成开发，其经济总量占全国一半以上。

战略效应进一步显现，为实现高质量发展提供了重要动力。区域发展的相对差距在逐渐缩小。2018年，东、中、西、东北地区经济增速分别为6.7%、7.8%、7.4%和5.1%。东部地区"领先"的增长格局逐步逆转，中西部地区发展速度明显加快，呈现出多区联动态势。西部地区基础设施建设、生态环境和民生保障取得重大进展。东北地区国有企业改革、结构优化和对外开放积极推进。中部地区先进制造业、新型城镇化、现代农业发展顺利。东部地区发展的质量和效益继续走在全国前列。

功能平台的示范效应不断显现。国家自由贸易试验区等重要区域功能平台，继续深化改革，扩大开放，促进高质量发展，成为区域经济发展的新引擎、新示范。

我国海洋经济实力得到较大提高，海洋产业体系相对完善，海洋科技水平不断提高，海洋资源开发能力不断增强，为建设海洋强国奠定了坚实的基础。海洋经济总量达到8.3万亿元，占国民经济总量的比重接近9.3%。海洋从业人员达3684万人，形成了北部、东部、南部3个特色鲜明的海洋经济区，对区域经济乃至国民经济的贡献率不断提高①。

1.2 实施区域协调发展战略的总体思路

1.2.1 区域协调发展的基本特征

区域协调发展具有相对性、动态性、空间层次性、综合性等基本特征。

（1）区域协调发展的相对性。

协调的本质是效率与公平的统一。效率是相对的，公平也是相对的。因此，协调只是相对于某一理想状态和某种价值观的诉求。不同的区域有不同的理想效率标准和公平标准；处在不同发展阶段的区域的效率标准和公平标准也不同，而且效率和公平的相对关系也不同。

（2）协调状态的动态性。

一般来说，处在初级发展阶段的区域更加注重效率，而处在高级发展阶段的区域更加注重公平。区域协调发展与区域经济发展阶段具有一定的对称性，区域协调发展阶段可以分为初级阶段、中级阶段和高级阶段。

①区域协调发展的初级阶段。在区域经济发展的早期和低水平阶段，各个区域的经济可以自给自足，与外界联系较少。在这个阶段，我们应该通过外部主动的"输血"等手段（资金、技术、人才的支持）来促进落后地区的发展，逐步缩小地区之间发展水平的差距。这个阶段的目标是实现区域的快速发展。

②区域协调发展的中级阶段。在工业化时代，各个区域的经济发展具有一定的基础，区域协调强调经济主体在同一或不同层次上的良好合作。在这个阶段，我们开始关注区域与外部世界的关系、合作与协调，这是区域协调发展内容的拓展。

③区域协调发展的高级阶段。在区域经济高度发达的时代，大量跨国公司

---

① 王一鸣. 实施区域协调发展 [N]. 经济日报, 2017-11-16 (4).

涌入该地区并追求利益最大化。这是一种高度和谐的状态，即实现区域内的和谐以及与外部区域的共生。区域内外各要素都实现了包容性增长和协调发展，这是一种全面的区域协调发展①。

（3）区域协调发展的空间层次性。

如果把我的国民经济看作一个整体，那么区域经济就是整体的一个部分，是国民经济整体不断分解为它的局部的结果。对于国家的经济来说，整个系统既涵盖了部门体系，也涵盖了区域体系（在市场条件下，部门体系实际上是融合于区域体系中运行的）。区域协调发展的空间性特征表明，如果抛开区域与国家的关系而孤立考虑区域的发展，就会将一个区域孤立起来，用单个区域的经济增长的叠加来计算整个国家的经济增长。这是非常错误的，也是很危险的。不同层次的区域应该有不同的协调标准和任务要求：低层次区域的发展要服从和服务于高层次区域的发展，高层次区域的发展也要兼顾低层次区域的发展。

（4）区域协调发展的综合性。

区域协调发展是科学发展观在区域发展中的具体体现，是区域发展与区域协调的统一，是区域全面发展的体现。区域发展不仅有利于统计意义上的"整体"的发展，而且有利于各区域组成的有机整体的发展。真正的发展是目标与手段、个人与整体、区域发展与区域协调的统一。它不会破坏区域间的关系，而应该有助于协调区域间的关系。

此外，区域协调发展不仅是一个过程，更是一种手段。它是在协调各地区、各部门利益的基础上实现区域整体利益最大化的重要举措。

1.2.2 构建区域协调发展的评价体系

对区域协调发展水平进行评价分析是一项繁重、复杂的任务。与生物学中的生态系统一样，区域经济系统也是一个在庞大、复杂的外部环境中进行物质、信息、能量交换的动态有机系统。区域经济系统就像一台精密复杂的机器，不断从外部环境中获取人力、财力、物力、能源等资源。这些资源经过内部加工、转化后变成一种能向外部环境产生积极影响的事物。其产出会对外部环境产生一定的影响，外部环境会将这些影响反馈给区域经济系统，这是区域

---

① 孙海燕. 区域协调发展机制构建 [J]. 经济地理, 2007, 27 (3): 4.

经济系统运行的一般过程。由于认知能力有限，人类无法直接观察区域经济系统是如何处理和转化这些产出的，也无法直接观察转化的效率和能力。然而，我们可以通过区域经济系统的投入产出及其之间的关系来间接理解这个"黑箱"（转换能力、转换效率、转换方式等）的行为能力。因此，区域经济效率评价指标的选择必须紧跟效率的总体目标，投入产出指标的选择必须反映各区域经济实体的运行效率。合理选择投入产出评价指标，可以在很大程度上保证区域经济效率评价结果的真实性，这是数据分析过程中至关重要的一个环节[①]。

（1）指标设计原则。

区域经济评价体系是由多个单一的投入产出指标组成的整体。它应该是科学合理的，并能够反映当地经济发展的实际情况。这些投入产出指标可以通过对表面数据和现象的处理，抽象出事物内部的本质关系和变化规律，并最终以简单的形式表现出来。对于像成渝地区双城经济圈这样的复杂系统，用几个指标来描述系统的发展变化是远远不够的。为了合理评价和指导成渝地区双城经济圈的经济建设，我们有必要建立一套具有指导性和全面性的经济评价体系来指导成渝地区双城经济圈的经济运行。指标体系不仅要体现成渝地区双城经济圈的内涵，还要综合考虑环境特征和居民生活质量，更应该有利于领导决策和公众理解。因此，我们在构建成渝地区双城经济圈经济评价体系时必须遵循以下原则：

①科学性原则。

科学性原则一方面要求设计的指标体系必须使用规范的研究方法，另一方面要求结合研究对象的主要特征，根据研究目的进行合理的研究，即将一般性与特殊性相结合。科学性是任何学术研究活动都必须遵循的首要基本准则，科学性指的是评价指标的理论基础要充分，依据要合理，这样才能够准确体现成渝地区双城经济圈发展问题的内涵[②]。

贯彻科学性原则首先要求确保评价理论基础的正确性与合理性。指标体系的构建过程，即指标的选取、权重的评定过程必须采用科学合理的统计方法，用正确的理论并借助教学手段对调查结果进行定性与定量的分析。这样才能保证区域发展评价指标的科学性与有效性，才能获得相对真实和客观的评价结果。

---

① 董佳. 河南省区域经济效率评价研究［D］. 成都：西南交通大学，2013.

② 史宝娟. 城市循环经济系统构建及评价方法研究［D］. 天津：天津大学，2006.

指标选取要保证指标间的强相关性和相对独立性，避免指标间的重叠和指标评价结果的相互抵消，确保评价结果具有开放性和可比性、能够较为客观和准确地反映成渝地区双城经济圈的经济发展水平。

②实用性原则。

指标体系能全面涵盖区域经济发展目标的内涵和目标的实现程度。社会发展、经济发展、资源利用水平、环境质量等经济发展主要构成要素，都应在指标体系中得到反映。实用性原则要求权重系数的确定以及数据的选取、计算与合成等，要以科学理论为依托，同时又要避免指标间的重叠和简单罗列。此外，我们还必须考虑资料的可取性、可操作性，尽可能选择有代表性的综合指标和重点指标。

③敏感性原则。

敏感性原则是指在指标选择过程中选取具有代表性的、关键的和核心的指标。应关注指标的设计，而不是只列出所有相关因素。因此，我们应在敏感性原则的指导下，根据均衡发展理论特点筛选一些常规的经济评价指标。只有这样，构建的指标才能具有理论性和代表性。

④可操作性原则。

首先，在评价指标构建的前期，我们要充分考虑各个指标是否具有可度量性。只有能够从数量上或质量上衡量或观察到的指标才能相互比较，这种评价工作才具有实际意义。其次，评价指标并不是越多越好，过于复杂、烦琐的指标不仅难以突出评价的主要内容和重点，而且可能由于数据获取困难而使评价工作无法实施。因此，在考虑指标的科学性、全面性和敏感性的同时，我们必须从实际出发，根据实际的人力、物力和财力来确定指标。总而言之，在尽可能简单的前提下，选择容易量化、容易获取、可靠且相对能反映实际情况的指标是必要的。

⑤动态与静态相结合的原则。

根据评价对象的形态分类，评价类型可分为动态评价和静态评价。

动态评价可以反映评价对象的发展变化过程，通常是指对评价对象在一定时间段内的变化情况所做出的评价。例如，成渝地区 2011—2016 年的经济发展情况每年都在不断变化。因此，我们可以用动态评价来反映评价对象的发展变化过程，对这些内容进行评价。

静态评价是指在同一时间点对不同单位、地区或部门的级别和状态进行综合评价。静态评估是一种"横截面"评估。评价结果通常是通过对截面数据的比较来确定的，评价结果通常按照数量或质量进行排序。在成渝地区双城经济圈的经济评价指标中，静态评价也是一个非常重要的方面。例如，2016年成渝地区双城经济圈的经济发展评价就是典型的静态评价。

因此，在构建区域协调发展评价指标时，我们必须坚持动态与静态相结合的原则，以使评价结果更具综合性和说服力。

⑥客观指标与主观指标相结合的原则。

客观指标与主观指标的结合是构建区域发展评价指标应该遵循的另一个基本指标。所谓客观指标，是指由统计部门以统计表逐级上报汇总的综合统计数据指标。这些指标一般是由相关调查者通过抽样调查得到的。它们是对客观事物的调查统计。主观指标是指通过问卷调查，测量个体的一些主观感受和意向，并根据一些变量分析它们之间的关系而得到的指标。

一般来说，客观指标有利于不同地区之间在纵向和横向某一方面的比较，具有客观性、准确性、可比性和低成本的特点。客观指标和主观指标各有其评价优势和适用范围。只有将二者结合起来，才能使评价结果更加全面。因此，在构建区域协调发展评价指标时，我们应尽量将主观指标和客观指标结合起来。

⑦定量指标与定性指标相结合的原则。

评价指标按照其性质可以分为定性指标和定量指标两大类。定性指标的特点是它通常可以准确反映该评价维度的本质，能够帮助评价者对评价对象的价值水平、质量高低、状态好坏等方面进行分析和判断。在涉及人的感受、态度和状态等评价方面，定性指标可以充分发挥人的主观能动性，得到较为真实的信息，但其缺点是容易流于主观，"客观性"较弱。定量指标的特点是数字化、定量化，更加客观、准确，而且有利于评价的计算和评分工作①。

（2）初步设计的指标体系。

无论是宏观经济系统还是微观经济系统，投入都是指生产物品和劳务过程中所使用的物品和劳务，一个经济体可使用现有的技术将其转化为产出。投入又称生产要素，可划分为三个范畴，即土地、劳动、资本。产出是指生产活动创造出来的可供人们消费或进一步投入生产的物品和劳务。生产过程的本质就是一个投入产出的过程。在研究区域经济效率时，许多已有的投入产出指标体

① 屈宏强. 学校体育均衡发展评价指标体系的构建与实证研究 [D]. 福州：福建师范大学，2012.

系可供我们借鉴。例如，陈浩、薛声家在对比东北三省与全国其他省份的经济效率时，选择固定资产投资、就业人口、科教文卫经费作为投入指标，选取国内生产总值、地方财政税收、进出口商品总值、城镇居民人均可支配收入作为产出指标。肖小爱在分析湖南省的经济发展效率时把各市就业人数、财政支出、固定资产投资额作为产出指标。方先明、孙兆斌、张亮在分析中国各个省份经济效率时把投入指标选定为区域固定资产投资额、区域劳动力总量、区域用电量，而把产出指标选定为区域人均生产总值、区域人均可支配收入，他们把衡量经济规模的经济总量指标换成了人均可支配收入这样的人均指标，更能从效率角度体现经济发展对人们生活水平的改善程度。从以上已有的研究中我们可以发现，多数学者都把反映劳动力投入量的就业人员数量、反映当期资本投入的固定资产投资额作为输入指标，而把反映区域经济活动总量和规模的国内生产总值、反映政府参与社会财富分配的财政收入作为输出指标。本书遵循指标体系的原则和依据，并借鉴已有研究文献的指标体系，在综合考虑众多投入产出指标的基础上，从劳动力投入、能源投入、资本存量、技术进步四个方面进行投入指标的设计，从经济总量、社会消费水平、经济发展对财政的贡献、城镇居民生活水平、农村居民生活水平五个方面进行产出指标的设计。

本书通过参考现有的文献，结合目前的统计资料以及咨询相关专家和学者，得到了 GDP、人均 GDP、第一产业增加值、第二产业增加值、第三产业增加值、城乡居民储蓄年末余额、城镇居民人均可支配收入、农村居民人均纯收入、社会消费品零售总额、地方财政一般预算收入、全社会劳动力、第一产业劳动力、第二产业劳动力、第三产业劳动力、全社会固定资产投资、科技支出、教育支出、能源消耗总量、万元国内生产总值能耗 19 个方面的初选指标。

系统的一个重要特征就是具有层次性。成渝地区双城经济圈作为一个复杂系统，是由许多同一层次不同作用和特点的功能集组成的。成渝地区双城经济圈的经济效率评价的内容是：该区域范围内经济的实际发展状态或规划中对成渝地区双城经济圈经济设计的理想程度。我们可以通过成渝地区双城经济圈经济发展评估指标体系中的各项指标评估值，分析成渝地区双城经济圈在经济发展过程中哪些方面做得较好，哪些方面还存在不足，从而找出差距，为进一步提升成渝地区双城经济圈经济效率提供决策依据①。

---

① 黄佳祯，许强，魏瑶. 成渝经济圈经济效率评价与治理研究［M］. 北京：中国经济出版社，2019：77-84.

1.2.3　优化重塑空间格局

习近平总书记在中央财经委员会第六次会议上强调，成渝地区双城经济圈建设是一项系统工程，要加强顶层设计和统筹协调，突出中心城市带动作用，强化要素市场化配置，牢固树立一体化发展理念，做到统一谋划、一体部署、相互协作、共同实施，唱好"双城记"。从新结构经济学的视角来看，成渝地区双城经济圈的双城合作只要形成有效的市场，发挥好各地区的比较优势，在政府的"因势利导"和"倒弹琵琶"下，就能把成渝地区双城经济圈建设成我国重要的经济发展增长极。我们建议成渝地区双城经济圈不仅要按"圈"融合内部地区，而且需要按"圈"规划并加强与外部的融合。

区域一体化发展涉及经济地理方面的知识。经济地理是发展经济学的一部分，强调每个地区必须根据其比较优势进行发展。但一个产业要从只具有比较优势变为具有竞争优势，则需要有足够大的产业集群支撑。除了要有交通基础设施、制度环境的支持之外，供应链也要能支撑产业集群的发展。在发展初期且以农产品和劳动密集型产业为比较优势时，产业集群经常会是"一乡一品""一县一品"，浙江就有很多在一个乡里或一个县里形成的非常有效的供应链的产业集群。但是前文提到，成都和重庆的核心地区实际上已经进入高收入经济体的阶段，发展的产业一般会是资本和技术密集的产业。这种产业的特征是规模经济很大，很难在一个县、一个市里把所有的供应链集群起来。这样的产业发展就必须依赖跨地区的合作。不同的地区应该根据当地的比较优势，成为供应链当中的一部分。这个比较优势可以是人才的比较优势，也可以是资本的比较优势、技术力量的比较优势，从而形成一个跨地区的产业集群、跨地区的经济协作。

我国提出长三角一体化、粤港澳大湾区、京津冀协同发展以及成渝地区双城经济圈等区域协调发展战略。这背后的一大原因是我国目前的人均GDP已经达到1万美元，即将进入高收入国家行列。国内比较发达地区的人均GDP已经达到2万美元。在此情况下，产业集群不会局限在某一地区，而需要跨地区合作，需要政府协同基础设施，改善营商环境。因此成渝地区双城经济圈等国家战略的提出，将给相关区域的基础设施建设、营商环境完善以及政策协调提供一个很好的平台。

我国在新时代赋予成渝地区双城经济圈全国性中心的定位，也期望成渝地区成为中国继长三角、珠三角、京津冀之后的经济增长"第四极"。这样就可以构成一个链接京津冀、长三角、珠三角和成渝地区的菱形。菱形的四个顶点所在的四极地区的经济体量稳定地占全国经济总量的45%左右。菱形内部的经济体量占经济总量的比重稳定在32%左右，二者加起来差不多就占全国经济总量的77%。

我国也提出要尊重客观规律，因势利导，才能加速形成中国区域经济的"第四极"。只有准确理解中国区域经济不平衡不充分的主要矛盾及矛盾的主要方面，才能理解建设"第四极"的价值与思路。胡焕庸线被普遍认为是中国区域发展绝对不平衡的分界线。2011年的《成渝经济区区域规划》把成渝定位为西部经济中心，其背后的依据也在于此。然而，中国区域经济发展不平衡不充分主要指的是东部沿海（尤其是东南沿海）地区与中西部地区之间的经济发展不平衡不充分，并不是指胡焕庸线两侧的不平衡不充分。如何在胡焕庸线以东的区域内寻找经济平衡轴，寻找"第四极"的战略思路和成长空间，同时带动胡焕庸线以西的区域发展，才是成渝地区双城经济圈千载难逢的历史机遇和国家战略的要义所在，而不仅是为了解决成渝地区内部"一亩三分地"不平衡不充分的次要矛盾。

我们转变认识思路，找到中国区域经济发展不平衡的主要矛盾及其矛盾的主要方面之后，就容易找到实现区域协调发展的主轴线或屋脊线。通过反复推敲，我们将其锁定在哈昆线（哈尔滨到昆明的直线）上，即只需要将胡焕庸线的东北端点（黑河）和西南端点（腾冲）在相关省内东移到省会城市即可。这条区域协调发展的主轴线并不是要去扭转胡焕庸线，恰恰相反，这是充分尊重以地理生态本性为自然规律基础的胡焕庸线。我们可以看到，其实成渝地区主要位于胡焕庸线以东。

按2019年的数据测算，哈昆线沿线16座区域中心城市的地区生产总值如果达到东南沿海16座区域中心城市的体量，就可再造一个东北的经济体量。据2019年相关GDP数据，哈昆线沿线16座区域中心城市地区生产总值合计17.9万亿元，东南沿海16座区域中心城市的地区生产总值合计23.2万亿元，二者的地区生产总值体量相差超过5万亿元，相当于整个东北三省的地区生产总值体量。我们可以清楚看到，成渝合体就能够成为哈昆线上与北京呼应的支点。与此同时，成渝合体也是长江经济带上与上海呼应的支点。我国将成渝地区双城经济圈定位为"具有全国影响力的重要经济中心"，其实现路径必须是成渝合体。

2016 年出台的《成渝城市群发展规划》提出构建"一轴两带、双核三区"的空间格局，发挥重庆和成都双核带动功能，重点建设成渝发展主轴、沿长江和成德绵乐城市带，促进川南、南遂广、达万城镇密集区加快发展，提高空间利用效率，构建"一轴两带、双核三区"空间发展格局。该规划提出，依托成渝北线、中线和南线综合运输通道，积极推进重庆两江新区和四川天府新区建设，加快推动核心城市功能沿轴带疏解，辐射带动资阳、遂宁、内江、永川、大足、荣昌、潼南、铜梁、璧山等沿线城市加快发展，打造支撑成渝城市群发展的"脊梁"；加快城际轨道交通、高速公路和沿线交通枢纽建设，构筑发达的基础设施复合廊道；加强沿线城市产业分工协作，引导先进制造业和现代服务业集群发展等。

然而，成渝之间的中部地区还是发展的洼地，目前并没有完全实现规划目标。成渝发展主轴"脊梁"为何成为隔离成渝合体的"大峡谷"？《成渝城市群发展规划》第一章已经指出了成渝背向发展与次级城市发育不足的根本问题。

成渝地区的不少城市都在想方设法提出建设"成渝第三城"，但这类提法有待商榷。从 2019 年的地区生产总值数据来看，绵阳为 2 856.20 亿元、德阳为 2 335.90 亿元、眉山为 1 380.20 亿元、乐山为 1 863.31 亿元、宜宾为 2 601.89 亿元、泸州为 2 081.26 亿元、南充为 2 322.22 亿元、达州为 2 041.50 亿元，这些地级市距离成为"成渝第三城"，还有很长的路要走。这其实反映了成渝地区的区域经济结构特点。不少人照搬照抄长三角和珠三角的城市群格局作为评价标准来认识成渝地区的经济结构特征。我们不能简单地认为成渝地区存在"双核独大、两翼不振"的不平衡不充分发展矛盾。成渝地区的经济结构本来就是如此，有其独特性，并不是一种空间结构扭曲。未来，我们应该把成都、重庆"两核"做大，加强毗邻地区合作，不能延续之前《成渝城市群发展规划》提出的建设分散的几条带状或几条三角形线，或者建设成渝次级区域中心等思路。

成渝地区做强两核，不分散用力，并不意味着周边的其他地区就不要发展。恰恰相反，只有成渝做大做强并合体，才能辐射全国，并更好地带动其他地区实现更好更快发展。成渝地区经济结构的主要矛盾并不是大家说的"双核独大、两翼不振"的不平衡不充分发展矛盾。

"成渝地区双城经济圈"不同于过去的"成渝城市群",我们不能按照之前城市群的思路来规划建设成渝地区双城经济圈。成渝地区双城经济圈是国家战略,主要矛盾应该是解决整个中国区域经济结构的主要矛盾,而不仅仅是解决成渝地区内部的次要矛盾。当然,成渝地区的次要矛盾也会在解决主要矛盾过程中更容易得到解决,但是如果颠倒了主要矛盾和次要矛盾,情况就会适得其反。因此,《成渝地区双城经济圈建设规划纲要》的规划思路将决定成渝地区双城经济圈是"隔空唱戏"还是"二龙戏珠"。

　　《成渝地区双城经济圈建设规划纲要》要产生"二龙戏珠"而不是"隔空唱戏"的效果。这也意味着成渝地区双城经济圈须是实圈,不是之前《成渝城市群发展规划》按"带"布局造成的空心圈。只有成渝合体产生的实圈才能产生有影响力的对外辐射。

　　《成渝地区双城经济圈建设规划纲要》提出要按"圈"规划,相向发展来形成全域开放的融合发展格局。这个"圈"可以分阶段逐步扩大,但必须夯实圈内发展,不能搞成"双城双圈"各自发展。成渝实圈的规划由成渝大三线(北半圈+中轴区+南半圈)和小三线(中轴区的北线、中线和南线)构成。"成都—绵阳(德阳)—遂宁(南充)—达州(万州)"横向连成成渝地区双城经济圈北半圈;"成都—眉山(乐山)—宜宾(泸州)—重庆—万州"横向连成成渝地区双城经济圈南半圈;成渝中轴区由成渝小三线围成(大致对应目前的成渝轴线12区县联盟):成都—遂宁—合川—重庆(北线)、成都—资阳—内江—永川—重庆(南线)、成都—简阳—安岳—大足—重庆(中线),覆盖区域人口约1 500万。成渝中轴区需要优先推进建设,才能快速填充为实圈,加速成渝合体,而不是像之前那样按"带"规划、背向发展造成的空圈。

　　2017年4月,成都"东进"跨越龙泉山,推动城市空间格局从"两山夹一城"向"一山连两翼"转变,城市格局迎来"千年之变"。2020年5月6日,成都东部新区正式挂牌,迈出了历史性的步伐,为成渝合体奠定了坚实基础。接下来,成渝地区要加快合体步伐,我们建议在成渝中轴区建立由四川和重庆政府共商共建的"成渝一体化国家级经济示范区",并建设250千米的西部田园风光的科创融合、产教融合、产城融合、城乡融合的高品质生活宜居开放长廊。

　　"成渝一体化国家级经济示范区"是连接成都和重庆的关键走廊,力争在第二个百年目标实现过程中构建起"1 500(成都主城区)+1 500(成渝一体化国家级经济示范区）＋1 500（重庆主城区）"的世界超级田园走廊城市。
当然，"成渝一体化国家级经济示范区"不一定要按照传统的高楼林立的城市
发展思路，可另辟蹊径，真正实现《成渝城市群发展规划》描绘的美丽中国
的先行区的目标——"推进生态文明建设，优化国土开发空间，构建生态安
全格局，打造长江上游生态屏障。依托江河湖泊丰富多样的生态要素，发挥历
史文化遗存和风景资源丰富、山水聚落独特的优势，建设显山露水、透绿见蓝
的区域开敞空间，建设有历史记忆、文化脉络、地域风貌、民族特点的美丽城
市，形成城在绿中、道在林中、房在园中、人在景中的山水城市群"。

1.3　新时代区域协调发展战略的重大意义

习近平总书记在党的十九大报告中强调："实施区域协调发展战略。"2017
年12月召开的中央经济工作会议，全面贯彻党的十九大精神，围绕推动高质
量发展，提出做好八项重点工作，其中之一就是实施区域协调发展战略。实施
区域协调发展战略是在中国特色社会主义进入新时代的背景下，以习近平同志
为核心的党中央紧扣我国社会主要矛盾变化，按照高质量发展的要求提出的重
要战略举措，对于促进我国经济社会持续健康发展具有重要而深远的意义。

1.3.1　实施区域协调发展战略是实现全体人民共同富裕的内在要求

在影响共同富裕的诸多因素中，区域差距是最基础的影响因素，也是关键
的影响因素。实施区域协调发展战略是缩小区域经济差距的可行之策。我国幅
员辽阔，国情复杂，地区间经济社会发展不平衡不协调的问题较为突出，特别
是革命老区、民族地区、边疆地区、贫困地区等基础设施和公共服务设施的建
设依然较为薄弱。党的十九届六中全会审议通过的《中共中央关于党的百年
奋斗重大成就和历史经验的决议》，重申中国特色社会主义新时代是"逐步实
现全体人民共同富裕的时代"，将"全体人民共同富裕取得更为明显的实质性
进展"纳入"十个明确"的内容体系，并将"全体人民共同富裕基本实现"
作为21世纪中叶建成社会主义现代化强国的目标之一。

共同富裕是全体人民的富裕，不是少数人的富裕。由于历史、自然地理条
件、区位优势差异等方面的原因，我国区域发展不平衡，收入分配差距较大。

全面建成小康社会之后，区域之间的发展差距已经缩小，但尚未消除。协调发展的着眼点之一就是区域协调发展，通过缩小区域发展差距来缩小人民收入分配差距，促进全体人民共同富裕。习近平总书记指出："促进共同富裕，最艰巨最繁重的任务仍然在农村。"协调发展谋求在破除城乡二元结构、推进城乡要素平等交换和公共资源均衡配置上取得重大进展。城乡二元结构是造成收入分配、贫富差距的重要原因，实现共同富裕要求破除城乡二元结构，建立健全城乡融合发展体制机制。

1.3.2 实施区域协调发展战略是践行新发展理念的必然要求

以创新、协调、绿色、开放、共享为内涵的新发展理念，是我国经济由高速增长阶段转向高质量发展阶段的重要指导理念。在新发展理念中，协调和发展强调增强发展的整体性，旨在促进城乡区域协调发展、经济社会协调发展以及新型工业化、信息化、城镇化、农业现代化同步发展的过程中，根本解决不平衡不协调的问题。而实施区域协调发展战略，就是通过具体实践政策将协调和发展理念贯彻落实。

实施区域协调发展战略是增强区域发展协同性的重要途径，是拓展区域发展新空间的内在要求。要想增强发展的协调性，就要在协调发展中拓宽发展空间，在加强薄弱领域中增强发展后劲，促进我国各大板块之间协调互动，推进西部大开发形成新格局，加快东北等老工业基地振兴，推动中部地区崛起，率先实现东部地区优化发展，建立更加有效的区域协调发展新机制。要建立大城市与小城镇协调发展的新格局，以京津冀协同发展为建设标杆，为全国实现区域协调发展提供经验样板，以生态保护为导向发展长江经济带，支持资源型城市转型。还要做好区域协调发展工作，加快边疆地区发展，建设海洋强国，努力塑造要素有序自由流动、主体功能约束有效、基本公共服务均等、资源环境可承载的区域协调发展新格局。

1.3.3 实施区域协调发展战略是建设现代化经济体系的重要举措

区域经济是国民经济体系的重要组成部分。当前，我国经济已由高速增长阶段转向高质量发展阶段，区域经济发展必须加快转变发展方式、优化经济结构和转换增长动力。党的十九大报告提出了建设现代化经济体系的目标，并将实施区域协调发展战略作为重要举措之一。2018年1月30日，中共中央政治局围绕建设现代化经济体系进行集体学习，习近平总书记指出："要积极推动城乡区域协调发展，优化现代化经济体系的空间布局，实施好区域协调发展战略，推动京津冀协同发展和长江经济带发展，同时协调推进粤港澳大湾区发展。"

实施区域协调发展战略，将从两个方面有助于现代化经济体系的建设。一是可以促进现代化经济体系空间布局的形成。改革开放以来，我国经济高速增长在一定程度上是以高耗能为代价的，原先的经济空间布局受制于资源禀赋。随着经济发展进入高质量发展阶段，高耗能等落后产能逐渐被淘汰，绿色低碳、创新引领成为现代化经济体系的重要标志。实施区域协调发展战略，可以实现人口、经济、资源、环境的空间均衡，进而实现各区域更高质量、更有效率、更加公平、更可持续的发展，有助于构建现代化经济体系的战略空间。二是将促进现代化经济体系产业协同发展。我国现阶段各地区面临着产业老化、同化等问题，而想要建立现代化经济体系，必须不断促进传统产业优化升级，加快发展现代服务业。要敢于淘汰落后产业，积极寻找经济发展新动能，科学制定产业定位和发展规划，优化统筹整个产业布局，推动各地区依据主体功能定位发展。这对于提高我国经济发展质量和效益、建设现代化经济体系将发挥重要支撑作用。

2 专业技术人才内涵及相关理论

2.1 专业技术人才相关理论

2.1.1 专业技术人才的概念界定

从一般意义上讲，专业技术人才是指受过专门教育和职业培训，掌握现代化大生产专业分工中某一领域的专业知识和技能，在各种经济成分的机构中专门从事各种专业性工作和科学技术工作的人员，比如，工程师、教授、研究员、医师、律师、会计师、经纪人等①。

从统计意义上讲，早在 1982 年，我国在开展全国人才预测与规划工作时，就以《国务院批转国家计划委员会关于制订长远规划工作安排的报告的通知》文件明确规定了专业技术人才的强制性统计标准界定。这些标准包括：①学历，具有中专及以上规定学历者；②职称，具有技术员或相当于技术员及以上专业技术职称（后来被称为专业技术职务任职资格）者。

这一统计标准界定沿用了 20 多年，历史上的人才统计数据大多采用此界定口径。而按照 2005 年启用的新的人才资源分类和统计标准，我国人才队伍分为五个部分，即"三支队伍——党政人才队伍、经营管理人才队伍、专业技术人才队伍"和"两类人才——高技能人才、农村实用人才"。具体的人才界定标准目前还没有准确的说法。从人才资源统计标准的新闻报道、各个部门

---

① 中国人事科学研究院. 2005 中国人才报告——构建和谐社会历史进程中的人才开发 [M]. 北京：人民出版社，2005：65.

对人才资源的解释资料和非公有制经济组织人才资源抽样统计的地方资料中可以知道，专业技术人才队伍，即指企事业单位中在专业技术工作岗位工作或具有专业技术职务（资格）在管理岗位上工作的人员①。

基于以上分析，本书可以给出专业技术人才的定义：凡是在某一领域具有一定知识和技能，并在企事业单位从事专业技术工作或专业技术管理工作的人员，统称为专业技术人才。

研究专业技术人才离不开对其需求的了解，专业技术人才属于知识型工作者。美国著名的知识管理专家玛汉·坦姆仆（Mahan Tambor）通过大量研究，总结出了知识型工作的主要特点，研究了知识型工作者的主要需求。玛汉·坦姆仆认为，知识工作主要有以下特点：①工作过程难以观察；②工作成果不易计量；③工作的顺利程度取决于知识型工作者的自主性；④知识型工作者往往是某一领域的专家，管理者往往是该领域的外行；⑤知识型工作者依赖组织与知识型工作者之间的关系是一种相互需要的关系。玛汉·坦姆仆在实证研究的基础上，对知识型工作者最重视的四个因素进行了排序。其结果是：个人成长占 33.74%，工作自主性占 30.51%，商业成就占 28.69%，金钱和财富占 7.06%（见图 2-1）②。

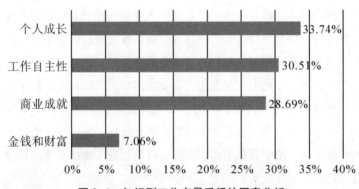

图 2-1　知识型工作者最重视的因素分析

2.1.2　专业技术人才的需求特征

根据上述理论，我们认为专业技术人才思维活跃，思想开放，观念超前，

---

①　余仲华，李鹏亮. 地区性和行业性"十一五"人才战略与规划中定量预测方法的创新性应用技巧探析 [J]. 人力资源开发，2007（4）：15.

②　文魁，吴东梅. 科技创新人才研究报告 [J]. 经济与管理研究，2005（12）：44.

习惯自由式生活，热衷追求实现个人价值，表现欲、创造力、主见性强，具有不同于其他一般人才的特殊发展需求特征。

（1）强烈的成就欲望。

研究发现，专业技术人才的发展需求非常突出。与生存需求相比，专业技术人才的发展需求更为突出。这是专业技术人才区别于一般人才的一个重要特征。专业技术人才更愿意被人尊重，发挥自己的优势，取得满意的成绩。强烈的成果欲是专业技术人才进行知识创造活动的内在动力。创新成果产生的社会效应和经济效益越高，越能激发专业技术人才的成就欲望，他们的工作动力就越强。他们往往把他人尤其是领导者的肯定作为尊重的标准，把在职业生涯中取得成就作为充分实现自身价值的标准。专业技术人才在遇到困难时对挫折更敏感。如果没有及时引导，他们的工作积极性就会降低，甚至会彻底沉沦。因此，我们应该善于发现专业技术人才，充分发挥专业技术人才的优势，并给予他们真诚的肯定和赞美。这样，专业技术人才才能获得成功或进步。

（2）强烈的自主意识。

较强的自主意识、独立的价值观、较强的流动意愿是专业技术人才较为典型的个性特征。相对于一般人才而言，专业技术人才通常掌握较多的专业知识，甚至是核心技术。越是优秀的专业技术人才往往越具有鲜明的个性，比如孤傲、自尊心强、特立独行、锋芒毕露等，喜欢按照自己的思维、立场和习惯进行工作。当得不到认同时，他们的流动意愿很强烈。而从市场来看，拥有一技之长的专业技术人才的需求量充足，择业空间较大，因此专业技术人才职位流动性也比管理人才要强。为了降低不必要的流动性，留住核心专业技术人才，就要尽可能创造一个容忍人才个性的空间和环境，减少对专业技术人才名目繁多的精神干预，给予其从事知识创造、科研创新工作所需要的精神自由和足够的时间。

（3）较强的创新能力。

较强的创新能力是专业技术人才的重要特征，也是区别于其他类型人才的根本。由于专业技术人才主要从事知识创造和科技创新活动，其工作性质具有很强的探索性和不可控性。他们的工作过程往往由于没有预先确定的过程而表现出很强的主观性，他们的工作很大程度上依赖于自己主动的智力投入。创新工作往往不是由一个人完成的，而是一个团队的集体智慧。专业技术人才之间的合作与竞争也是其明显的工作行为特征。因此，专业技术人才的管理团队应该充分发挥核心人物的核心作用，从而吸引人才。这样，整个团队就可以实现既定的组织目标。

（4）较强的学习能力。

与一般人才相比，专业技术人才更注重智力的激发，学习能力较强。他们可以按照知识创造活动的要求，以最短的时间和最快的速度掌握最需要的知识。这主要是因为专业技术工作具有非重复性和复杂性的特点。对专业技术人才来说，学习类似于资本积累和增值。而且，在知识经济时代，专业技术知识的更新速度越来越快，工作需求促使专业技术人才加强学习，掌握领先的知识和技能，否则将被迅速淘汰。因此，专业技术人才的学习需求比其他一般人才更多，学习意愿更强，积极性更高，他们对专业知识的需求更加独特和有针对性。为满足这一需求，政府应该加强专业技术人才能力建设。具体来说，要落实相关的培训教育活动，完善相关的培训管理体系，将培训结果与专业技术人员的考核、就业和职业资格相结合，通过培训满足专业技术人才强烈的"充电"需求。

2.1.3 专业技术人才对经济增长的作用

（1）人力资本是解释地区间经济增长水平差异的重要原因。

早期人力资本理论家 Shultz、Becker 认为人力资本可以产生知识效应，各国人力资本投资的差异是其经济增长差异的重要原因。

Lucas 和 Romer 认为，人力资本内生于经济增长的全过程，人力资本不仅是一种生产要素，而且能抑制其他要素的边际递减，发挥出正向外部作用和规模递增效应。Stokey、Murphy 和 Lutz G. Arnold 等在此基础上，相继提出人力资本增长的"干中学"模型、专业化人力资本模型以及"R&D-人力资本"模型等。王金营、高素英等人也结合国内实际，完善了人力资本有效劳动模型和人力资本外部模型。Amitrajeet 指出，人力资本是地区经济增长的基本动力。对经济欠发达地区而言，进行人力资本投资有助于拉动当地生产效率增长，从而快速缩短其与较发达地区间的经济差距。这与 Cheshire 等关于人力资本对区域经济影响的观点一致。Qadri 和 Waheed 使用 106 个国家 2002—2008 年的面板数据样本，运用计量模型来探讨人力资本和经济增长之间的关系。其核心模型的敏感度分析表明，即使在加入其他相关变量的情况下，人力资本对经济增长的积极作用依然显著。Teixeira 和 Queirós 认为，人力资本是经济增长的决定要素之一，在国家技术进步方面扮演着重要角色。他们在对转型地中海国家（包含了较不发达国家）的短期跨度研究中发现，人力资本对经济增长的影响虽不及长期跨度那样具有决定作用，但是这种影响仍然发挥了重要作用。多年来，针对人力资本与经济增长间关系的文献有非常多。各种计量模型对二者关系以及影响机制的研究表明，人力资本对经济增长的确具有重要作用，国家间经济发展水平很大程度上受到人力资本投资的影响，尤其是发达国家和发展中国家人力资本的构成以及对人力资本的投入都有非常大的差异。边雅静、姚先国等通过实证分析分别证实了人力资本对经济增长的正向作用。

（2）人力资本是缩小区域间经济差距的关键因素。

人力资本对于缩小不同区域间的经济发展差距具有重要作用，是落后地区追赶发达地区经济发展的关键要素。Cheshire 和 Margini 在对人力资本与区域经济增长间关系的一项研究中发现，区域人力资本禀赋差异是造成区域经济增长差异的一个主要原因。当贫穷国家比富裕国家的经济增长速度更快时，那些人力资本禀赋相似的国家之间的经济应该出现趋同现象。对中低收入的国家而言，人力资本投资是其追赶发达国家的必要条件，中低收入国家只有将更多的资源分配到人力资本的投资中，才能确保更大的经济增长幅度或者至少抵消与发达国家日趋扩大的收入增长差距。但对于较富裕的国家而言，将资源分配到实物资本中可以获得更大的回报，或许是因为这些国家相对来说所拥有的人力资本禀赋比实物资本要更多。Qadri 和 Waheed 认为，人力资本对于不同收入水平国家的回报不同。一般来说，低收入水平国家的人力资本存量较少，根据要素生产边际报酬递减规律，低收入国家人力资本投资所获得的回报率要高于其他国家。为此，他们还对各个国家在无条件和有条件情况下的收入趋同假设进行了检验，结果发现各国的初始人力资本与其经济增长之间存在正相关关系。换言之，贫穷国家如果拥有较高的人均人力资本水平，那么其在人均国内生产总值方面就可以与富有的国家趋同。蔡昉、都阳、王小鲁等利用国内20世纪八九十年代的数据，分析并验证了人力资本作为控制变量对区域经济协同发展的显著作用[1]。

---

① 王士红. 人力资本与经济增长关系研究新进展［J］. 经济学动态，2017（8）：11.

2.1.4 专业技术人才管理的相关理论

（1）人才流动的理论研究[①]。

人才流动是社会化大生产的必然产物，是产业结构发展变化对人力资源合理配置提出的必然要求和解决途径。

①配第-克拉克定律。

劳动决定价值的基本原理是：商品价值和劳动生产率成反比。早在17世纪，英国经济学家威廉·配第发现，随着经济的不断发展，人均国民收入水平不断提高，第一产业国民收入和劳动力的相对比重逐渐下降；第二产业国民收入和劳动力的相对比重上升，经济进一步发展；第三产业国民收入和劳动力的相对比重也开始上升。美国经济学家科林·克拉克继承了前人的研究成果，提出了"三产业分工"理论。

人力资源在不同产业间的分配比例正在发生以下变化：人力资源在第一产业中的比重在下降，人力资源在第二产业中的比重不断上升，人力资源在第三产业中的比重将最终超过第一、第二产业。这一理论所揭示的人力和人力资源，已经被发达国家人力和人力资源结构的演变历史证明。

②人才结构调整理论。

从理论上讲，一个国家的人力资源总量可以分为人力资源存量和人力资源增量两部分。人力资源存量是指人力资源团队中已经存在并通过统计数据显示出来的人力资源总量。人力资源增量是指每年社会上新增的人力资源数量，主要是指每年从大中专毕业并进入人力资源队伍的专业人才数量。总之，前者是既有的，后者是新增的。因此，一些学者提出了人才结构调整理论。该理论认为：应该通过继续教育、培训等途径，改变原有的"存量"人才类型，以适应社会经济发展的需要；应该通过调整学校的专业结构，从"源头"上实现人才结构的"增量式"发展，最终实现存量与增量的联动协调发展。

③效率性人才流动理论。

一些学者还引入了"边际劳动生产率"的概念，提出了效率性人才流动理论。效率性人才流动理论认为，我们可以通过边际劳动生产率的变化，对人才的进出做出更为准确的决策。边际劳动生产率若是下降了，就通过人才流动

---

① 王福波. 国内外人才流动理论研究综述 [J]. 重庆三峡学院学报，2008(2)：118-123.

的办法加以解决，否则单位的效益还会下降。边际劳动生产率低的单位应鼓励员工流出，边际劳动生产率高的单位应吸引人才流入。

（2）人口流动理论研究①。

改革开放以来，中国的经济和社会发生了巨大的变化。经济的快速发展和区域经济发展的不平衡导致了人口在不同地区之间的流动，特别是户籍制度改革的进一步深化，使得阻碍人口流动的制度性因素得以消除。除港澳台地区外，全国31个省份都经历了前所未有的大规模人口流动。从国家的角度来看，劳动力的自由流动有利于形成一个统一的劳动力与人才的需求和供给市场，以提高平均劳动生产率。然而，自由流动人口也给城市带来了各种问题，如就业压力、基础设施和福利跟不上、住房短缺和房价上涨、交通拥堵、环境污染等。因此，人口流动不仅是经济发展中需要考虑的问题，也是劳动经济学和福利经济学需要关注的问题。

国外学者对人口流动的原因做了大量深入的研究。现有的关于人口流动的研究可以追溯到19世纪80年代。英国地理学家Ernest Ravenstein试图分析人口流动的机制，总结出了"人口流动规律"。该规律总结了人口流动的特点和影响人口流动的各种因素。人口过剩和气候环境的影响可能导致人口流动，而人口流动的根本原因是人们对物质生活的追求。引力模型、推拉理论和Harris-Todaro模型是国外分析人口流动最流行的模型，被学者们广泛使用。

重力模型是Zipf在借鉴物理学万有引力定律的基础上得出的。Zipf认为两地之间的人口流动与两地人口的数量成正比，与两地之间的距离成反比。Everett Lee系统地总结了推拉理论，认为一个地方的不利因素会导致人口的迁移，促使人们向条件较好的地方迁移。同时，他认为距离、政治和制度障碍也是影响人口流动的重要因素。Harris-Todaro模型表明，人口流动是由城乡居民预期收入的差异以及人们在迁入地找到工作的概率引起的。随着上述人口流动分析模型的广泛应用，学术界也产生了大量的扩展分析模型，对人口流动成因的研究也越来越精确。其中，D. karemera等人使用了世界70个国家1976—1986年到美国和加拿大的移民数据。实证分析表明，距离、收入、人口等经济因素是影响人口迁移的主要因素。Joshua J. lewer利用移民人口的重力模型和经济合作与发展组织（OECD）16个国家1991—2000年的面板数据，验证了

---

① 马荷花，王小军. 中国省级城乡人口流动成因的研究：基于第六次人口普查数据 [J]. 人口与发展，2017（3）：25-36.

影响人口迁移的各种因素。他发现距离因素是阻碍人口迁移的主要因素，而移民地对人口迁移的吸引力来自两地工资水平的差异，人口因素在人口迁移过程中也起着重要作用，受教育程度高的人更容易搬家。Daniela bunea 从理论上分析了导致人口流动的诸多因素，如人口密度、城市化程度、失业率、城市公共服务水平等，全面涵盖了影响人口流动的因素。国内学者更多地结合中国的具体国情进行分析。20 世纪 90 年代以来，中国学者开始关注人口流动的原因，主要研究影响省际迁移的因素。关于经济发展水平对人口流动的影响，朱宝树探讨了中国省际城乡人口流动模式并将其分为几种类型。在不同迁移模式下，影响人口迁移的共性受城乡经济发展水平等因素的影响。王贵新提出移民区域经济规模的扩大对人口迁移有拉动作用，对移民率的影响会随时间而变化。王桂欣、潘泽翰、严山平的研究发现，城市经济发展水平越高，人口流入的吸引力越大。他们通过对现有文献的实证分析，得出一般人口迁移数量与经济发展水平之间存在正相关关系。在迁移成本因素对人口迁移的影响方面，王桂新等的研究、刘惠君等的研究都表明两省份之间的空间距离对人口迁移起到了阻碍作用。

在传统重力模型中的人口规模因素对人口迁移的影响方面，段成荣、王桂新和潘泽瀚等都指出潜在迁入省份比迁出省份的人口密度高出越多，人口由迁出省份流入迁入省份的可能性越大，因此人口迁移数量与迁出迁入省份的人口规模正相关。在教育对人口迁移的影响方面，段成荣等指出，潜在迁入省份的文化教育水平越高，人口由迁出省份迁入该省份的可能性越大。肖群鹰和刘惠君利用 QAP1 算法得出，教育程度越高的省份对人口迁移的拉动作用越强。

在区域因素的影响方面，蔡昉、魏星和王桂新等指出东、中、西部地区差异明显，区域之间的迁移行为有着明显的差距，中西部地区的人口更加偏向于迁往东部地区。

从以上文献分析中我们可以得出，国内学者都集中利用人口学或者经济学的方法对我国省际人口流动因素进行定量分析或者相关分析。然而大多数的学者并没有区分省际城乡人口的流动，这使得不同迁移模式下各个因素对人口迁移量的影响程度没有被区分开来。即使一些学者把省际城乡人口流动分为了不同的模式，但是并没有实证分析影响人口迁移的因素。在数据选取方面，一些文献研究只考虑了排名前十的迁入省份和排名前十的迁出省份，因此丢失了其他省份的一些数据信息。本书的研究将细化分析四种不同的迁移模式，以使分析结果更加精确。本书在省份样本的选取上进行全面覆盖（不含港澳台地区），根据31个省份中每一个省份都对应其余30个省份的网络状数据形成930个样本，最大可能地包括了我国各个省份的实际特征，从而提高了样本选择的精确度，避免了以偏概全和选择性样本等问题的出现①。

2.2 专业技术人才与区域经济协调发展的关系

2.2.1 专业技术人才是各地区域经济发展的关键

专业技术人才作为"活性"的人力资本，比物质、货币等"刚性"资本具有更强的创新性和更广阔的增值空间，特别是在当前信息时代和知识经济迅猛发展的背景下，人力资本所具有的边际报酬递增的属性决定了人力资本投资对经济增长具有更高的回报率。专业技术人才与我国区域经济协调发展的关系主要体现在以下四个方面。

（1）专业技术人才是实现区域经济可持续发展的助推器。

在资源紧张、环境恶化、生态失衡的硬约束下，单纯依靠高能耗、高污染、低产出的粗放型经济增长方式，难以保持区域经济持续、健康、高效发展。特别是随着信息技术和知识经济的快速发展，经济增长可以通过减少对物质资源的过度依赖来实现，这为加快区域产业结构优化升级创造了良好的外部环境。科技知识和创新能力日益成为推动经济增长的主导力量。

在区域经济增长过程中，我们应努力提高"活"的人力资本贡献在产业结构中的比重，降低"死"的物质资本贡献的比重。在区域经济发展的过程中，我们一方面有必要让物质资本投资保持在一个合理的范围内；另一方面更要注意投资、开发、储备和利用人力资本，真正将人力资本因素融入经济增长的全过程，实现经济的良性发展。在不牺牲经济增长速度的前提下，在生态资源环境可承受的范围内，我们要充分发挥科技创新和人力资本对经济增长的贡献水平，提高经济发展的质量和效率。

（2）专业技术人才对缩小地区发展差距具有重要意义。

改革开放以来，中国科学技术的快速发展促进了中国区域经济和科技的快速发展。但是，欠发达地区的专业技术人才的数量、质量、结构还有待提升，

---

① 马荷花. 中国省级城乡流动成因的研究 [D]. 长沙：湖南大学，2017.

这使得欠发达地区缺乏区域创新能力，无法模仿、利用和转化先进科技知识。此外，由于经济规模和财政水平的限制，欠发达地区对专业技术人才的投资规模远远落后于发达地区。在欠发达地区，除了存在专业技术人才建设投入不足的问题，专业技术人才结构不均的问题也十分突出。在欠发达地区，公共服务和社会保障不足，不能形成对专业技术人才的吸引力，导致欠发达地区人力资本大量外流，人才流失严重，劳动力素质提高缓慢，人力资本总量增长缓慢。欠发达地区专业技术人才的投资和积累水平不高，使得发达地区的"经济溢出"和"知识扩散"效应得不到有效利用，"后发优势"难以得到充分发挥。以上分析表明，造成区域间经济发展的巨大差距的原因既包括物质资本和其他投入的不平衡，还包括专业技术人才分布的不平衡。欠发达地区要缩小区域间发展差距，实现经济协调、平衡发展，就必须高度重视专业技术人才的投资和积累。

（3）专业技术人才是构建区域竞争力的关键因素。

生产要素禀赋是决定区域分工和经济布局的重要因素，要素禀赋的差异决定了各区域不同的潜在比较优势，潜在比较优势转化为区域现实竞争力的前提是存在与之匹配的专业技术人才。在当前区域经济协作和一体化进程逐步深入的背景下，由专业人才、知识储备、物质资本、自然资源、区位条件、基础设施等生产要素综合决定的区域竞争力体系中，专业技术人才发挥着关键的作用，是影响区域分工的重要因素。在当前经济环境和市场条件下，如果缺乏与区域要素禀赋匹配的专业技术人才，具有比较优势的区域产业将难以为继或经济效益得不到充分的发挥。另外，在一定的外生技术条件下，区域专业技术人才的总体素质能够弥补其他生产要素的不足；或者说，在现有生产要素水平下，劳动力的知识素养和技能水平的提升能够增强区域优势产业竞争力，降低生产和运营成本，提高其他生产要素的产出水平，提升全要素生产率。

综上所述，区域竞争力源于创新能力，创新能力归根结底取决于专业技术人才的水平。作为生产要素中最活跃的部分，专业技术人才的创新性在提升其他要素贡献率和培育新经济增长点方面具有广阔的前景，对区域优势产业竞争力的保持和发挥具有难以替代的作用[1]。

（4）专业技术人才有助于欠发达地区摆脱"贫困陷阱"的束缚。

欠发达地区的教育培训和医疗卫生水平不高，人口整体素质偏低，优秀人

---

① 刘畅.关于我国人力资本与区域经济协调发展关系的探讨［J］.人口与计划生育，2012(3)：2.

才大量流失，缺乏高层次人才。欠发达地区不完善的人力资本市场，也严重限制了其依靠专业技术人才来实现经济追赶。因此，对欠发达地区的投资和政策支持应由以物质资本投入为主的"输血机制"转变为以专业技术人才投入为主的"造血机制"。我们应该注重培养欠发达地区的经济活力和可持续发展能力，实现良性循环发展。

2.2.2 区域经济协调发展能够吸引专业技术人才

（1）影响专业技术人才集聚的因素分析。

研究发现，一个地区能否吸引专业技术人才，和这个地区的综合发展水平有很大关系。对专业技术人才的吸引力除了受到工资水平、知识溢出、地方公共物品的供给能力、内部与外部经济规模及当地政府政策的影响外，还会受到区域经济发展环境的影响。影响专业技术人才集聚的因素如下：

①区域经济因素。

在各种国内外专业技术人才聚集的案例中，经济因素的影响都是很重要的。美国经济学家迈克尔·托达罗（Michael Todaro）认为，专业技术人才流动的最直接原因是利益因素。也就是说，一个地区经济发展前景好，可以为专业技术人才带来更多的预期收入。因此，专业技术人才会自发地流向这些区域，这就是专业技术人才的聚集现象。国内研究也表明，产业集聚促进了配套产业和服务业的快速发展，进一步刺激了专业技术人才的需求，形成了就业乘数效应。就业机会的数量已成为吸引优秀专业技术人才迁移到产业集群地区的主要影响因素。同时，良好的经济发展状况使得大量的关联公司能够集中在一个地区。专业技术人才的工作和发展机会增加后，工作转换的交易成本和机会成本会大大降低，专业技术人才想要聚集的意愿更加明显。可以看出，经济发展对专业技术人才集聚水平具有显著的正向影响。

②区位环境因素。

区位环境主要包括区域的地理位置、生活环境和资源。区域生活环境一般通过公共物品和公共设施来体现。一个城市的公共基础设施越完善，就会吸引越多的企业来此落户，从而加快专业技术人才的聚集。加快改善区域环境已成为各级地方政府的紧迫任务，也符合社会发展的基本理念。良好的生活环境可以提高居民的幸福指数和满意度。良好的居住环境不仅能影响专业技术人才聚集的结构，还能促进专业技术人才专注于自己的工作，增强专业技术人才在此区域工作的稳定性。研究表明，专业技术人才的素质越高，居住的环境越好。然而，专业技术人才更倾向于在自然地理条件优越的地区创业。自然环境越好，吸引的专业技术人才就越多。

③区域社会文化。

随着经济社会的快速发展，专业技术人才对精神的需求也日益增加。因此，文化环境也是影响专业技术人才聚集的重要因素。一般来说，能够将一个区域的传统文化与现代文化有机融合的区域，是许多专业技术人才认同该区域的基础。同时，各区域要高度尊重不同的文化特点，不排斥外来文化。包容性是文化软实力的核心特征。专业技术人才在选择发展区域时，会研究当地的文化状况，衡量他们可接受和融合的程度。一个区域的文化环境会影响该地区专业技术人才聚集的数量、质量和稳定性，对吸引和聚集优秀专业技术人才具有重要影响。

④区域政策与制度。

区域政策因素是影响专业技术人才集聚的有效驱动力之一，这一点尤其在政府主导的专业技术人才集聚区域表现得更为明显。各地政府应该根据本地区的实际情况制定一系列优惠政策来培养和吸引专业技术人才，系统的政策有利于全面培养专业技术人才，并能有效地提高专业技术人才的团结与合作水平，促进区域经济发展。例如，针对区域特定专业技术人才的身份管理系统，主要涉及户籍登记、职称评定、人事档案管理、社会保障等系统设计，将极大地影响专业技术人才的聚集和流动方向。专业技术人才身份管理制度是影响专业技术人才集聚效应的主要制度环境。

随着全球经济一体化的逐步推进，区域经济的发展已成为经济可持续发展的重要组成部分，而人力资源管理在区域经济发展中发挥着重要作用。人力资源的开发与管理促进了区域经济的发展。同时，区域经济的发展可以吸引大量的高素质人才。因此，人力资源管理和区域经济发展之间的平衡是特别重要的。

（2）成渝地区发展的人才支撑战略研究。

①人力资本的投资与整合策略。

研究表明，人力资本积累和形成的关键是教育投资，建立有效的人力资本投资和整合机制是人力资本发挥作用的基础和关键。

第一，要加大政府对教育的财政投入，充分发挥政府政策的调控作用。根据成都和重庆经济社会发展的实际情况和需求，政府首先要把教育确立为培养人才的核心。教育是形成人力资本的最佳途径。教育在经济发展中起着基础性、全局性、引领性作用。只有合理配置人力资本和物质资本，才能促进经济社会健康、稳定发展。

第二，优化人力资本投资结构，整合教育投资资源。人力资本投资的主体可以分为政府、个人和社会三个部分。从实证评价来看，成都和重庆的教育财政投入水平、员工个人教育培训投入水平、社会资本教育培训投入水平均较低。目前，成都和重庆应该以政府投资为导向来吸引个人和社会资本对人力资本的投资，开辟多种人力资本投资渠道，提高人力资本投资水平；制订人才培养计划并根据各类人才的成长规律，提高专业技术人才的学习能力、实践能力和创新能力，培养一大批能够适应时代发展需要的、具有创新精神和创新能力的高素质人才，从而实现人力资源的可持续发展。成渝地区应该着力培养创新型人才，深化教育改革，全面推进素质教育，建立多元化的人才培养模式。

为了吸引更多的个人资金和社会资金投资教育，政府应该充分发挥政策的调控功能。政府应该建立合理的、以市场为导向的人才评价体系和机制，使个人资金和社会资金对教育的投入能够获得更好的经济回报，从而鼓励更多的资金继续投入，形成良性循环。同时，政府应该建立和完善个人资金和社会资金投资渠道，做好投资方向的引导。

目前，成都、重庆政府可以依托相关高校培养高层次人才，依托职业技术学院开展职业培训，形成全面、多层次的人才培养体系。

从整体上看，人力资本应该发挥主要作用。政府应该采取有效的制度安排，通过制定、完善和实施相关法律法规，提高政府、社会和个人对人力资本的重视程度。企业应该继续为员工提供更多的创新机会。企业投资的主要方向是职业技术教育和职业培训，以加快或增强员工的适应能力，进而提高劳动生产率；在个人方面，企业要加大对人力资本的投资，全面提高员工的知识水平或完善员工的知识结构。

成渝地区要加快各层次、各类型人才的整合机制建设，合理配置人力资本，用活人力资本，从整合中要效益。

为加快人力资本的整合，成渝地区应该结合实际情况，从以下工作入手。首先，要围绕用好、用活人力资本，切实完善政府人才管理职能，发挥市场决定性作用并落实用人单位自主权，建立健全政府宏观调控、市场有效配置、单位自主用人、人才自主择业的人才发展管理体制。其次，要深化政府机构改革，进一步简政放权，厘清人才发展的各项政策法规，取消不利于人才发展的行政限制和干预，减少人才评价、流动和使用等环节中的人才审批事项，推动人才发展职能部门向创造良好发展环境、提供优质公共服务转变，推动运行机制和管理方式向规范有序、公开透明、便捷高效转变。最后，要消除人才市场发展的体制性障碍，加快构建覆盖城乡、服务各类人才的统一开发、资源共享的人才市场体系。

②人力资本的价值增值策略。

人力资本价值增值是指通过对人力资本的积累、投资和扩充，促使人力资本的价值得到提升。在经济发展中，人力资本是经济系统中价值创造的源泉，发挥着十分重要的作用。成渝地区人力资本运营效益评价结果显示，成渝地区人力资本价值增值、转化以及实现机制对经济产出的效应影响系数还处于较低的水平。

鉴于成渝地区人力资本供不应求和人力资本价值增值尚未有效发挥其效益的现状，实施人力资本增值策略是提高成渝地区人力资本效益的有效途径。

第一，要把握好人力资本增值的方向。

与人力资本增值程度相比，人力资本增值的方向显得更为重要。众所周知，在当今时代，技术、知识并不等于市场，各类企业都应以市场为导向，实现由传统的对市场需求的被动适应向现代的对市场需求的主动创造转变。这一转变要求企业制定特有的企业策略，而企业的各项活动都必须以企业战略为指导。劳动者的人力资本增值也不例外，劳动者的人力资本增值方向必须以企业战略为基准，不能也绝不准偏离企业战略所规定的大方向，否则人力资本的增值是无效的。另外，劳动者在以企业战略为基准进行人力资本增值时，也不能忽视市场导向的功能。如果人力资本增值一味地遵循"企业研究市场，再确定企业战略，劳动者再确定增值方向"这个模式，那么劳动者的人力资本增值将永远落后于市场的需求。

第二，要打造良好的人力资本增值环境，积极促进人力资本增值。

打造良好的人力资本增值环境要求政府改进人才管理职能，理顺用人制度，切实为人才发展服务。同时，政府要积极改善专业技术人才的工作和生活条件，为专业技术人才创造良好的发展环境，促使专业技术人才在相对舒心的环境中积极努力工作，并主动把自己的事业发展与成渝地区整体发展联系在一起，使人力资本投资保持较高的回报率。

第三，要合理调整人力资本配置，使人尽其才。

政府要合理配置人才，合理使用人才。从宏观角度上来看，这就是要让人才形成良性结构，保障社会经济发展的需要，以取得较高的经济效益和实用效益。政府在人力资本配置中要遵循充分就业原则、合理使用原则、良性结构原则及提高效率原则。同时，政府要注重平衡人力资本的区域配置、行业配置及专业配置的合理性和有效性。

③人力资本价值转化与实现策略。

一般来说，人力资本包括两个部分：一部分是对社会具有直接经济价值的部分，即人力资本所有者所拥有的显性知识、隐性知识和技能，即资本部分；另一部分是对社会具有间接经济价值的部分，是指人力资本所有者的健康、情感、思想和创造力，这一部分是人力资本存在和发挥作用的载体和前提。积极推动人力资本价值转化、实现人力资本价值，是人力资本产生经济效益的关键，也是人力资本价值研究的最终目标。成渝地区在人力资本价值转化和实现过程中应该重点抓好以下几个方面的工作：

第一，健全人力资本价值转化与实现支撑体系，积极促使人力资本价值转化与实现。

人力资本价值转化和实现的关键是专业技术人才。我们应该鼓励和支持专业技术人才享受应有的社会地位和经济待遇，扩大科研机构的自主权，改革科技评价和奖励的方法，建立一个综合性能评价体系的科学研究机构，为基础研究、前沿科学技术研究和社会公共技术研究提供资金支持。总的来说，我们应该把握形势，研究有利于转换和实现人力资本价值的政策，大力支持人才价值的实现，最终实现人力资本的和谐和良性发展。

第二，构建学习型组织，发挥人力资本转化与实现机制的作用。

学习型组织是一种将系统动力学与组织学习、创新原理、群体交流对话、模拟游戏相结合的新型学习组织。学习型组织可以使集团的每一个成员不断学习，不断创造未来。学习型企业更像是一所学校、一个学习的"实验室"。它致力于新知识的创造和新技能的推广，其目标是迅速、准确地转化和实现人力资本的价值。

学习机制是以人力资本为主导的知识转化的核心机制。从学习主体的角度来看，人力资本学习主体可以分为个体、团队和组织。个体学习过程，是指通过个体的观察、研究、实践或实验，以及能力转化，获取、选择和修正知识、心智模式、技能、习惯或态度的行为过程。组织学习是将个体学习提升到组织层面，个体学习者通过组织学习跨越组织的空间边界，完成层次结构的合作与沟通，实现不同个体、不同部门之间的知识共享的群体过程。团队学习是个体学习和组织学习的中间形式，团队学习可以对个体知识进行重构和整合①。

第三，健全知识共享制度和知识转化环境，发挥人力资本转化与实现机制作用。

知识共享是指知识在不同的知识主体之间被分享的过程。在发挥知识共享机制的过程中，为改善知识共享效果，政府和企业应创造良好的组织、文化、激励和人事等环境，激发人力资本拥有者参与知识共享的积极性和能动性。

④人力资本激励与约束策略。

人力资本激励与约束机制是控制和管理人力资本作用的发挥程度和发挥方向的保障。激励机制决定了人力资本潜能的发挥程度，而约束机制保证了人力资本价值发挥的方向。在人力资本管理中，激励机制与约束机制相辅相成、相互作用、相互促进。

成渝地区在人力资本价值发展与管理中，同样需要结合目前现状，制定有效的人力资本激励与约束机制，提高人力资本价值作用的发挥程度，保障人力资本价值的发挥方向。

第一，健全激励制度设计，提高人力资本价值作用的发挥程度。

目前，成渝地区一系列人才管理办法的出台，对人力资本价值作用的发挥具有一定的积极影响，但成渝地区政府还需要进一步健全人力资本激励制度。在人力资本激励制度设计方面，我们认为成渝地区应该做好以下工作：

首先，完善人力资本物质利益的激励设计。人力资本的回报不应仅仅是工资，我们还应该按照人力资本价值规律实施合理的薪酬制度。目前，国际上关于人力资本激励的薪酬体系主要包括岗位工资、年终奖金、期权、职务消费和福利补贴五个方面。政府应该借鉴西方发达国家的先进经验，结合成渝地区的实际情况，制定切实可行的人力资本激励机制。政府应该按照"效率优先、兼顾公平"的原则，实行按劳分配和按生产要素分配相结合的分配制度，重构符合人力资本特点的新型薪酬激励机制。

---

① 张延平，汪安佑. 企业人力资本增值研究 [J]. 技术经济，2003 (3)：5-25.

在人力资本薪酬激励方面，政府应该结合成渝地区的实际情况采取以下措施：按岗支付，建立技术岗位工资制度；根据实际业绩建立绩效薪酬制度；按照市场工资价格实行协议工资制度；允许技术人员兼职并获得相应报酬；实施政府补贴，提高人力资本的价值回报。

在人力资本激励机制设计方面，政府应该突出以下两点：建立利润分享机制，使人力资本获得相应的投资收益；建立一种技术人员可以参与技术成果分配的机制，以促进科研成果的转化和实现，并提高人力资本的价值回报。

其次，加大对人才的精神激励力度。精神激励是激励制度设计的重要组成部分。根据人力资本的特点，在精神激励设计方面，本书认为成渝地区应该做好以下工作：扩大人才发展的空间，为人才创造一个广阔的舞台；实施荣誉激励并尊重人力资本；实施地位和权利激励，给予人才适当的权利和社会地位，使人才得到心理上的满足。

第二，恰当运用约束机制，保障人力资本价值作用的发挥方向。

在人力资本的约束管制方面，可供选择的约束机制包括：①内部约束机制，即公司章程约束、合同约束、机构约束、激励性约束和偏好约束五个方面；②外部约束机制，即法律约束、道德约束、人力资本市场约束、媒体约束和金融市场约束五个方面①。

---

① 王传旭，王建民. 区域人力资本与经济增长：基于皖北振兴的实证研究 [M]. 合肥：合肥工业大学出版社，2016：225-232.

第二部分

成渝地区双城经济圈解读及重点城市现状分析

3 成渝地区双城经济圈的基本解读

3.1 成渝地区双城经济圈的提出与政策解读

3.1.1 成渝地区双城经济圈基本介绍与提出背景

2020 年 1 月 3 日，习近平总书记在中央财经委员会第六次会议上做出了构建"成渝地区双城经济圈"的专题部署，首次提出了"成渝地区双城经济圈"的概念，也将成渝地区联合发展上升到了国家战略的层面，直指全国新的增长极和动力源。大会提出了成渝地区具体的发展目标——"两中心、两高地、一发展"（具有全国影响力的重要经济中心、科技创新中心、改革开放高地、高质量生活宜居地、助推高质量发展）①。由"经济区"到"城市圈"再到"双城经济圈"，成渝地区双城经济圈建设的重点是利用两大中心城市带动西部城市的崛起，使经济圈成为实心的圈层，深入融合到全球供应链中。从这个角度来看，成渝地区双城经济圈的建设将会更加注重顶层设计和统筹协调，一体化发展理念会深入贯彻到每一级政府单位。

目前，成渝地区双城经济圈的具体范围尚未得到确认，本书利用 2016 年的《成渝城市群发展规划》的范围来大致界定其范围②，成渝地区双城经济圈地处四川盆地，位于长江上游地区，是西部地区重要的人口、城镇、产业聚集

---

① 袁城霖，梁现瑞，王眉灵. 双城经济圈，成渝新期待［N］. 四川日报，2020-01-04（4）.
② 鉴于本书成稿时，《成渝地区双城经济圈建设规划纲要》尚未发布，此处特做说明。

区，总面积达到 18 万平方千米，涵盖重庆的 27 个区县以及四川的 15 个市①。

从国际层面来看，成渝地区已经逐渐成为中国西部地区的外向经济中枢。近几年依托"中欧"班列、"渝满俄"班列、"一带一路"和"陆海新通道"，中国西部地区与中亚、欧洲、俄罗斯等地区的经济联系增强。2019 年，成都、重庆进出口总额均超过 5 000 亿元，实现了 10 个百分点以上的增长②。2020 年，四川的第一大贸易伙伴发生转变，由欧盟变为东盟。受新冠肺炎疫情影响，四川的进出口规模和增速显著优于全国平均水平，一个不同于沿海地区的开放门户正在加速形成。

从国家层面来看，一方面，我国人均 GDP 已经超过 1 万美元，亟须寻求跨区域合作，成渝地区双城经济圈有望成为继长三角、京津冀、珠三角之后中国发展的第四个增长极，有力地把东中西部地区串联起来；另一方面，加快成渝地区双城经济圈建设，有利于补短板，逐步解决东西部地区发展不平衡问题，实现国家内部区域协调发展。

从区域和城市层面来看，"西部科技金三角"城市（成都、重庆、西安）之间的交通条件越来越好，成渝地区双城经济圈产生的溢出效应也能够惠及西安。

成渝地区双城经济圈的提出具有必要性。首先，2019 年成都、重庆的经济总量分别为 1.7 万亿元和 2.36 万亿元，产业结构相似系数达到 0.96。成都和重庆的单一城市经济体量无法与长三角、珠三角、环渤海地区的经济体量相抗衡，成渝联合发展才能够形成对外竞争优势，才可以具备参与全球竞争、带动区域发展的基础。其次，成渝地区双城经济圈建设处在我国经济增速放缓、全球化经济趋势不明朗的背景下。我国国内生产总值从 2000 年的 10.028 万亿元上升到 2019 年的 98.652 万亿元（见图 3-1）。国内生产总值的增速自 2007 年达到 14.2% 后逐渐下降，2019 年国内生产总值增速降为 6.1%。虽然我国的经济增速在全世界范围仍属于较高增速，但我国正面临着较大的经济下行压力。成渝地区双城经济圈的建设能够推动我国在西部形成高质量发展的重要增

---

① 成渝城市群具体范围如下：重庆市的渝中、万州、黔江、涪陵、大渡口、江北、沙坪坝、九龙坡、南岸、北碚、綦江、大足、渝北、巴南、长寿、江津、合川、永川、南川、潼南、铜梁、荣昌、璧山、梁平、丰都、垫江、忠县等 27 个区（县）以及开州、云阳的部分地区，四川省的成都、自贡、泸州、德阳、绵阳（除北川县、平武县）、遂宁、内江、乐山、南充、眉山、宜宾、广安、达州（除万源市）、雅安（除天全县、宝兴县）、资阳 15 个市。

② 数据来源：成都市统计局、重庆市统计局。

长极，这对于维护国家经济安全、促进"一带一路"建设和长江经济带发展具有重大意义。最后，成渝地区作为国家的战略大后方，是连接西藏和云南的重要枢纽，也是沟通东亚、东南亚、南亚的通道。因此，推动成渝地区双城经济圈的发展，有利于保障我国社会的稳定，增强国家综合实力。

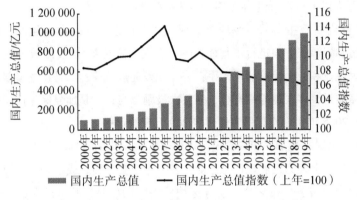

图 3-1　2000—2019 年我国国内生产总值概况①

3.1.2　成渝地区双城经济圈相关政策解读

(1)《成渝经济区区域规划》。

2011 年，国家发展改革委印发了《成渝经济区区域规划》（以下简称《区域规划》）。《区域规划》阐述了成渝经济区的战略定位、目标定位和总体布局规划。成渝经济区覆盖重庆 31 个区县和四川的 15 个市，区域面积达到了 20.6 万平方千米。

成渝经济区的战略定位："一中心、一基地、三区"——西部地区重要的经济中心、全国重要的现代产业基地、深化内陆开放的试验区、统筹城乡发展的示范区和长江上游生态安全的保障区。

成渝经济区的目标定位：2015 年，建成西部地区重要的经济中心，地区生产总值占全国的比重达到 7%，人均地区生产总值达到 39 000 元，城镇化率达到 52%，城乡居民收入差距由目前的 3.3：1 缩小到 2.8：1；2020 年，成为我国综合实力最强的区域之一，区域一体化格局基本形成，人均地区生产总值达到 65 000 元，城镇化率达到 60%。

---

① 数据来源：国家统计局。

成都和重庆作为成渝经济区的"双核"，要侧重两地的资源整合，打造带动成渝经济区发展的双引擎和对外开放的门户城市。成渝经济区人力资源多且层次丰富，常住人口为 9 267 万人；其中劳动力资源占比为 74.5%，专业技术人才超过 210 万人；拥有各类高等院校 135 所，职业技术学校 789 所，在校学生 280 万人以上；科研机构众多，科技人才约有 30 万人。

《区域规划》主要从城乡统筹、现代产业体系、基础设施建设、社会事业、生态和资源等方面进行了具体指导。在人力资源部分，《区域规划》提出要从完善就业和社会保障体系入手：一是积极促进就业；二是建立覆盖城乡的社会保障体系，多渠道筹措资金，多层次鼓励参与；三是加强保障性住房建设与管理，2015 年实现建设保障性住房 200 万套的目标。

《区域规划》更加突出成渝地区产业追求差异化的目标，要求以工业为主导，在此基础上大力发展现代服务业。在人力资源方面，成都人力资源服务产业园承载着"服务城市未来，服务区域发展"的使命，其可以在建立健全统一、规范的人力资源市场，建立统一的就业服务平台，加强职业技能培训，研究制定人才政策等方面为企业提供服务。

（2）《成渝城市群发展规划》。

2016 年，国家发展改革委、住房城乡建设部联合印发《成渝城市群发展规划》（以下简称《发展规划》）。其中提及，成渝城市群范围涵盖重庆市 27 个区（县）及开县、云阳等部分地区和四川省 15 个市，相较于成渝经济区的规划，成渝城市群包含的范围相对集中，覆盖面积为 18.5 万平方千米。2014 年，成渝城市群的常住人口为 9 094 万人，地区生产总值为 3.76 万亿元，分别占全国的 1.92%、6.65% 和 5.49%。

成渝城市群的战略目标定位如下：成为全国重要的现代产业基地、西部创新驱动先导区、内陆开放型经济战略高地、统筹城乡发展示范区、美丽中国的先行区；2020 年，基本建成经济充满活力、生活品质优良、生态环境优美的国家级城市群；成为继长三角、珠三角、京津冀之后的第四大国家级城市群。

《发展规划》提出要不断完善区域协同发展的体制机制，区域市场一体化步伐加快，区域交通互联互通、公共服务设施共建共享、生态环境联防联控联治、创新资源高效配置和开放共享的机制不断建立；基本消除阻碍生产要素自由流动的行政壁垒和体制机制障碍。

《发展规划》提出按照集中布局、集约发展、产城融合的原则，整合优化园区资源，统筹不同区域、不同类型、不同层次园区建设，打破行政区划限制，推动园区联动、资源共享、优势互补、协同发展；推进园区合作共建，支持川渝间和各城市间合作共建产业园区，优化资源配置，壮大园区经济；鼓励通过联合出资、项目合作、资源互补、技术支持等多种方式参与合作产业园区建设。

《发展规划》提出要完善创新创业服务体系，围绕产业升级和产业发展共性需求，整合公共服务资源，依托"互联网+"行动计划，构建资源共享、服务协同、功能完善的创新创业服务体系，大力发展创业辅导、信息咨询、技术支持、融资担保、成果交易、检验检测认证等公共服务；创新公共服务模式，探索建立政府引导、中介服务、社会参与三位一体的整合联动服务模式，联合打造一批创新创业服务品牌。

《发展规划》在要素整合方面，提出建立要素市场一体化管理机制，建立统一、规范、灵活的人力资源市场，提出了具体的就业服务平台建设方案；加强城市群内人才制度衔接，健全人才柔性流动机制，联合共建人力资源开发基地。

成都人力资源服务产业园"成渝城市群"这一概念更加突出成渝两地的协同发展；在完善区域协同发展的体制机制上，突出促进要素自由流动。例如，成都人力资源服务产业园依托人力资源协同发展的产业服务共享中心，通过线上线下双平台，共建互通有无的产业服务中心，推动成渝城市群产业协同发展，不断建立人力资源高效配置和开放共享的机制；在整合优化园区资源方面，成都人力资源服务产业园强调依托产业园区建立人力资源服务产业园，从而推动园区资源共享；在完善创新创业服务体系方面，成都人力资源服务产业园依托人力资源大数据应用平台，实现产业驱动人才发展，人才反哺产业升级；在建立要素市场一体化管理机制方面，成都人力资源服务产业园依托中国人才发展战略研究院，开展创业辅导、人才培养、就业咨询、资质认证等公共服务。

3.2　成渝地区双城经济圈的宏观环境分析

3.2.1　政治环境分析

从国家层面的政策来看，成渝地区双城经济圈的建设历史可追溯到2005年。2005年2月，国务院总理温家宝曾指出：西部大开发要贯彻"以线串点、以点带面"的方针，把现有经济基础较好、区位优势明显、人口较为密集、沿交通干线和城市枢纽的一些地区，作为西部开发的重点区域，发展一批中心城市，形成新的经济增长极。2007年6月19日，国家发展改革委召开了成渝地区规划编制前期工作座谈会，正式通报成渝经济区规划已纳入国家区域规划编制工作范畴，并就如何做好前期工作交换了意见。2011年，《成渝经济区区域规划》发布，成渝经济区建设迈上快车道。2015年，《成渝城市群发展规划》进一步分析了成渝地区城市的发展情况。成渝城市群较成渝经济区包含的范围有所减小，但区域间的经济联系更加密切了。2015年5月21日，重庆和四川签署《关于加强两省市合作共筑成渝城市群工作备忘录》。2016年5月4日，《成渝城市群发展规划》赋予成渝两地新的发展定位，即"二地三区"。2018年6月6日至7日，四川省党政代表团赴重庆市学习考察。其间，四川和重庆签署《深化川渝合作深入推动长江经济带发展行动计划（2018—2022年)》和12个专项合作协议。2019年7月9日至10日，重庆市党政代表团来川考察，双方签署《深化川渝合作推进成渝城市群一体化发展重点工作方案》。

2020年1月，党和国家在新时代对成渝地区发展做出了新决策——推动成渝地区双城经济圈建设，在西部形成高质量发展的重要增长极。这体现了党中央在新形势下，开始思考经济质量发展的重要性，以及对区域协调发展的深远谋划和战略考量，希望通过成渝地区双城经济圈的建设，使"一带一路"、长江经济带发展、新时代西部大开发走深走实。"成渝地区双城经济圈"提出后，成渝双方召开的协同会议次数明显增多，并在公共服务、开放平台建设、川渝毗邻地区协调、警务合作等方面开展专题讨论。2020年3月17日，四川重庆党政联席会议第一次视频会议的召开，标志着四川和重庆在政府层面的一体化进程正在加速推进。成渝地区双城经济圈的法治建设，也开始与国际接轨，更加注重涉及自贸区对外贸易、知识产权保护、金融创新等重点领域法律问题的研究，重点探索国际货物多式联运、跨国铁路单证等国际物流规则，推动完善自贸区法治规则体系。两地法院要加强经验交流与务实合作。对于跨川渝重大执行案件，两地法院可共同制订执行方案，联合采取行动。同时，两地法院还要加强网上立案、跨域立案、案件管辖、财产保全、调查取证等工作的协调联动，共同探索科学、高效的涉外送达、执行机制。表 3-1 为成渝地区协同会议整理。

表 3-1　成渝地区协同会议整理

时间	会议内容及成果
2020 年 2 月 26 日	川渝两省签署了《协同加强新冠肺炎疫情联防联控工作备忘录》
2020 年 2 月 28 日	两江新区、天府新区举行了第一次联席会议，携手探索内陆开放新模式
2020 年 3 月 1 日	川渝两省正式建立疫情联防联控机制，并建立了健康证明互认机制
2020 年 3 月 10 日	四川遂宁与重庆潼南签署了一体化发展"1+N"合作协议
2020 年 3 月 13 日	重庆两江新区（自贸区）法院与四川天府新区法院（四川自贸区法院）运用智能合约平台云签署了《川渝自贸区司法合作共建协议》
2020 年 3 月 17 日	四川重庆党政联席会议举行第一次视频会议，部署共同落实成渝地区双城经济圈建设重点工作。这标志着成渝地区已初步达成深化合作共识①
2020 年 4 月 28 日	川渝警方签署《服务成渝地区双城经济圈建设 22 条》和《四川省公安厅重庆市公安局服务成渝地区双城经济圈建设警务合作运行机制》

3.2.2　经济环境分析

成渝地区的经济总量从 2011 年的 1.58 万亿元增长到 2014 年 3.76 万亿元，再增长到 2019 年的 6.51 万亿元，成渝地区经济总量占全国经济的比重也由

---

① 资料来源：四川省人民政府。

2011 年的 3.2%提升到 2019 年的 6.6%①。与其他三个城市群相比，2019 年，长三角城市群体量最大，其地区生产总值达到 21.4 万亿元，成渝地区与京津冀城市群差距较小。客观地说，成渝地区在近 10 年里获得了较快发展，但与京津冀城市群、长三角城市群、粤港澳大湾区相比，成渝地区作为西部要素最集聚、资源禀赋最好的区域，其发展速度还是慢了一些。图 3-2 为 2011 年、2014 年、2019 年成渝地区经济总量及其在全国经济中的占比。

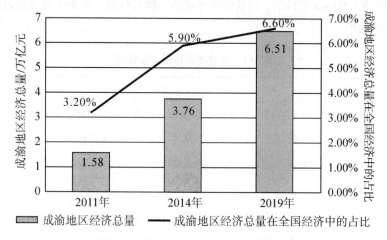

图 3-2　2011 年、2014 年、2019 年成渝地区经济总量及其在全国经济中的占比

　　此外，成渝地区双城经济圈内部发展不平衡，"两核独大，四川一枝独秀"的经济现象很突出。2019 年，成渝地区双城经济圈的地区生产总值达到了 6.51 万亿元，平均增速达到 7.84%，高于全国平均增速 1.74 个百分点。四川省的经济发展不平衡情况很明显，在经济体量上，成都市是绵阳市的 5.9 倍。从 2018 年和 2019 年的城市化率来看，成渝地区城市化率超过 50%的城市增加到 10 个，因此，成渝地区仍存在小城镇密集的现象。从"成渝经济区"到"成渝城市群"，再到"成渝地区双城经济圈"，我们可以看出，要更加突出成都和重庆特大城市的带头作用，从而使成渝地区成为具有全国影响力的重要经济中心。图 3-3 为 2019 年成渝地区部分城市的经济发展水平。

---

　　①　数据来源：国家统计局。

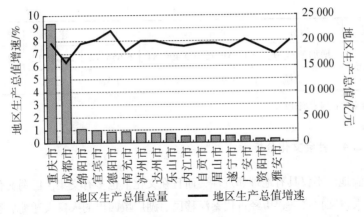

图 3-3　2019 年成渝地区部分城市的经济发展水平

3.2.3 技术环境分析

从产业基础来看，成渝地区的产业同构性不断减弱，成渝地区的产业发展定位逐渐明确。成渝地区双城经济圈有着良好的工业、交通和科技基础，已初步成为国家重要的装备制造基地、水电能源基地、天然气化工基地、国防科技工业基地、高新技术产业基地和西部最富饶的农牧业区[①]。例如，德阳的中铁装备思远重工有限公司先后生产了 30 台盾构机，助力成都、重庆加快城市地下轨道交通网的建设。此外，成渝地区双城经济圈的战略后方优势明显。

2011 年以来，核心城市成都、重庆的产业结构已经有了较为明显的差别，虽然两地仍存在一定程度的资源竞争，但从 2019 年的数据来看，重庆的第二产业更具优势，集聚度更高；成都的第三产业在全国都具有较为明显的优势，区位熵已达到 1.21（见表 3-2）。

表 3-2　2019 年成都市、重庆市的产业结构及区位熵[②]

地区	指标	第一产业	第二产业	工业	建筑业	第三产业
成都市	增加值/亿元	612.18	5 244.62	4 020.07	1 224.55	11 155.86
	区位熵	0.51	0.79	0.74	1.00	1.21

---

①　付实. 中国未来经济增长第五极：成渝经济区优劣势分析 [J]. 西部论丛，2006（1）：6.

②　区位熵＝各地区各产业增加值比重/全国相应比重，全国相应比重＝国内各产业增加值/国内各产业增加值总值。

表3-2(续)

地区	指标	第一产业	第二产业	工业	建筑业	第三产业
重庆市	增加值/亿元	1 551.42	9 496.84	6 656.72	2 840.12	12 557.51
	区位熵	0.92	1.03	0.88	1.68	0.99

资料来源：国家统计局。

3.2.4　社会文化分析

成渝地区不仅具有地理邻近性，而且在文化上也多有交集。巴蜀文化作为我国四大古文化之一，历经古代秦汉移民、湖广填四川的人口大迁徙后逐渐融合，形成了开放交融、兼收并蓄的文化特质，建立了多层次、多维度的文化复合体。在民间，"川渝是一家"的观念并未改变，川渝地区充分彰显了文化的历史传承和区域交流。这为成渝地区双城经济圈经济、社会发展以及民众自由交往奠定了文化认同和整合发展的基础。

文化资源丰富是区域实现合作发展的天然优势。成渝地区拥有 7 个世界自然与文化遗产（占西部地区的 58.33%）和 131 个国家级景区，还拥有川剧、蜀绣、铁水火龙、绵竹木版年画等非物质文化遗产。丰富且联系紧密的文化资源为成渝地区文化产业合作发展创造了条件。

成渝地区曾同属一个行政单元。随着成渝高铁的开通，成渝两地人员的交往日益增多。据统计，成渝高铁开通第一年累计开行成渝高速的动车组约 22 700 趟次，发送旅客超过 2 400 万人次；到 2018 年年底，成渝高铁累计发送旅客已达 5 342 万人次，日均运输旅客约 4.9 万人次[①]。

川渝文化合作早已展开，逐渐从社会合作发展为政策合作、教育合作。2004 年，川渝两省在文化和旅游合作方面的文件签署，促进了两省市文化合作；2011 年签署的《重庆市成都市统筹城乡文化发展区域合作框架协议》明确了成渝两地工作交流协调机制。2020 年 4 月，巴蜀文化旅游走廊建设专项工作组联席会第一次会议在重庆召开，标志着巴蜀文化旅游走廊建设工作的全面启动。成渝双方将协同打造巴蜀文化旅游走廊，力争到 2035 年将其建设为弘扬中华文明文化高地、世界知名旅游目的地、国际经济合作和文化交流重要平台；2020 年 6 月，为唱好"双城记"，重庆中国三峡博物馆（以下简称三峡

---

① 数据来源：成都市交通运输局。

博物馆）与四川博物院联合开展"双城直播"活动，通过首次联合直播，分别讲解两馆收藏的川渝汉代陶石文物，充分展示了"川渝一家亲"的文化魅力。

3.2.5 环境分析

从地理区位优势看，成渝地区位于中国中西部的核心地带，与陕西、甘肃、云南、贵州、西藏、青海、湖南、湖北 8 省份交界，经济发展水平较高，具有较强的辐射力和吸引力；从横向看，成渝地区可以通过长江经济带与沿海最发达地区建立经济联系；从西部大开发的角度看，西部其他的经济区均未形成密集的城市群，没有足够能力带动区域发展，因此成渝地区需要担起此重任。

从要素禀赋看，成渝地区双城经济圈位于四川盆地底部，处于中亚热带湿润季风区，自然条件较好，是我国粮食、生猪、柑橘、蔬菜、中药材等的重要生产基地。成渝地区清洁能源丰富，年平均降水量在 1 000 毫米以上，是我国水力发电的主要地区，2019 年仅四川年外送电量已超过 1 280 亿千瓦时[①]；成渝地区矿产资源密集，在已探明的能源、矿产资源中，除石油资源短缺外，其他资源的储藏量多居全国前列。成渝地区劳动力成本和土地资源成本低，人口相对密集，四川常住人口约占全国的 5.98%[②]。

3.2.6 法律分析

成渝地区双城经济圈的建设离不开法律的保驾护航。自 2019 年 11 月《川渝政法工作战略合作框架协议》签订以来，特别是推动成渝地区双城经济圈建设四川重庆党政联席会议第一次会议后，川渝政法系统互动升级、合作升温，进一步深化执法司法联动、提升川渝一体化司法执法水平，为成渝地区双城经济圈建设营造了安全、稳定的法治环境。

2020 年 3 月 27 日，重庆市高级人民法院召开 2020 年第十次党组会。重庆市高级人民法院党组书记、院长杨临萍主持会议并强调，全市法院要找准目标定位，把握重点任务，主动对接成渝地区双城经济圈建设的司法需求，充分发挥司法职能作用，依法妥善审理各类案件，优化司法服务，强化司法应对，助

---

① 数据来源：北极星电力网。
② 数据来源：国家统计局。

推成渝两地唱好"双城记"、建好"经济圈"。重庆市高级人民法院要按照市委要求牵头开展好"加强成渝地区双城经济圈司法协作、优化法治化营商环境"课题调研，加快起草《最高人民法院关于为成渝地区双城经济圈建设提供司法服务和保障的意见》，有序推进与四川高级人民法院签订《成渝地区双城经济圈司法协作框架协议》相关工作。各中基层法院要加强与四川毗邻市县法院的交流合作，进一步深化司法协作。各法院要抓好司法服务和司法协作事项的研究和落实，推进项目化、清单化、事项化、机制化，抓好任务统筹，做好任务分解，确保各项工作有序推进、取得实效。

2020年6月8日，四川省委政法委召开会议。会议强调，要主动对标全国重大部署，推动成渝地区双城经济圈各项协议尽快落地，取得实在成效；要加快完善执法司法一体化协作机制，在推动执法司法跨区域联动、重点领域执法司法协作、跨区域法律服务供给、深化执法司法领域改革、构建执法司法资源共享体系等方面，坚持项目化推进落实，切实提升两地执法司法工作协作水平；要加快创建社会治理现代化共享体系，在防范重大风险上加强协作配合，健全风险排查、研判、协同防控、应急处置等方面的工作协调机制，及时稳妥处置涉成渝地区的重大风险隐患，共同为成渝地区双城经济圈建设保驾护航。

与此同时，为了加强法治教育领域全方位、深层次合作，更好服务成渝地区双城经济圈建设，西南政法大学、四川大学法学院、重庆大学法学院、西南财经大学法学院共同成立了"成渝地区双城经济圈高校法治教育联盟"。

综上所述，成渝两地政府在2005年已经重视区域协同发展工作。相关政策、法律逐渐丰富、规范起来，为成渝地区双城经济圈的合作发展提供了稳定的政策支持；成渝地区经济总量逐步提升，城市发展速度普遍高于国家经济增速，增长后劲较足；虽然成渝地区产业结构相似度高，但近几年已逐渐形成产业差异。区域间的产业合作可以完善产业链，进一步带动区域协调发展；成渝地区的社会文化具有交融性，能够为成渝地区双城经济圈的文化建设奠定基础。

4 成渝地区双城经济圈
重点城市现状分析

　　构建成渝地区双城经济圈是党中央国务院深化区域合作，促进新时代西南地区实现全面纵深发展的战略布局；2016 年通过的《成渝城市群发展规划》提出，发挥重庆和成都双核带动功能，重点建设成渝发展主轴、沿长江和成德绵乐城市带，促进川南、南遂广、达万城镇密集区加快发展，提高空间利用效率，构建"一轴两带、双核三区"空间发展格局。

　　成渝城市群包括成都、重庆两座轴心城市以及以涪陵、合川、永川、綦江、达州、内江、自贡、德阳、眉山、遂宁、资阳、广安、雅安等为代表的 25 个重要节点城市①。其中，内江、自贡、德阳、合川、涪陵五大城市凭借其优越的区位环境、产业链、技术背景、人力资源以及政策优惠在各节点城市中脱颖而出，这对成渝地区双城经济圈建设发挥着不可替代的作用。基于此，本章从人口、收入及教育水平等多角度出发，选取成都市、德阳市、内江市、自贡市、涪陵区、合川区作为重点城市代表进行分析，力求从宏观、微观层面深度把握成渝地区发展现状，为探究人才资本转换、技术动能更新奠定基础。

---

　　① 成渝城市群的 25 个重要节点城市包括：涪陵、长寿、江津、合川、永川、南川、綦江、大足、璧山、铜梁、潼南、荣昌、梁平、垫江、忠县、开县、达州、内江、自贡、德阳、眉山、遂宁、资阳、广安、雅安。

4.1 四川省重要代表城市现状分析

4.1.1 成都市

成都，简称"蓉"，别称蓉城、锦城，是四川省省会、成渝地区双城经济圈核心城市，国务院批复确定的中国西部地区重要的中心城市，国家重要的高新技术产业基地、商贸物流中心和综合交通枢纽。全市共辖 12 个市辖区、5 个县级市、3 个县，总面积 14 335 平方千米。

成都自古有"天府之国"的美誉，是西部战区机关驻地。成都作为全球重要的电子信息产业基地，有国家级科研机构 30 家，国家级研发平台 67 个，高校 56 所，各类人才约 389 万人；2019 年世界 500 强企业落户 301 家。除此之外，成都还拥有浓厚的文化气息，拥有都江堰、武侯祠、杜甫草堂等名胜古迹。

（1）综合发展情况。

成都市作为四川省省会，综合实力一直保持持续增强的势头。2019 年，成都市实现地区生产总值 17 012.66 亿元，按可比价格计算，同比增长 7.8%。其中，第一产业增加值 612.18 亿元，增长 2.5%；第二产业增加值 5 244.62 亿元，增长 7.0%；第三产业增加值 11 155.86 亿元，增长 8.6%；三次产业结构为 3.6∶30.8∶65.6；三次产业对经济增长的贡献率分别为 1.1%、34.5%、64.4%。按常住人口计算，2019 年，成都市的人均地区生产总值为 103 386 元，同比增长 6.0%；财政收支运行良好，全年地方一般公共预算收入 1 483 亿元，同比增长 7.9%[①]。成都市积极落实重大战略部署。近年来，成都市在供给侧结构性改革、新经济新动能、公园城市建设、区域协同、国际化营商环境建设和"三城三都"建设方面取得了重大成果。成都市作为成渝地区最有影响力的城市之一，对人才的聚集起着重要的作用。

（2）人口与城镇化水平。

成都市 2019 年人口规模稳定增长。如图 4-1 所示，2019 年年末，成都市常住人口为 1 658.10 万人，同比增加 25.10 万人，增长 1.54%。其中，城镇常

---

① 数据来源：《2019 年成都市国民经济和社会发展统计公报》。

住人口 1 233.79 万人，常住人口城镇化率 74.41%，比上年年末提高 1.29 个百分点。2019 年年末，成都市户籍人口为 1 500.07 万人，比上年年末增加 24.02 万人，户籍人口城镇化率为 62.54%。中心城区 2019 年年末常住人口为 1 090.70 万人，比上年年末增加 21.90 万人。人才招引成效显著，"人才新政"已累计吸引超过 33 万本科及以上学历青年人才落户。

图 4-1　2015—2019 年成都市常住人口结构及常住人口城镇化率

（3）居民收入和社会保障。

成都市居民收入平稳增长。2019 年，成都市城镇居民人均可支配收入为 45 878 元，比上年增长 8.9%。其中，工资性收入为 27 011 元，经营性收入为 4 743 元，财产性收入 4 681 元，转移性收入为 9 443 元，人均消费性支出为 29 720 元。城镇居民恩格尔系数为 32.6%。农村居民人均可支配收入为 24 357 元，增长 10.0%。其中，工资性收入为 12 192 元，经营性收入为 5 940 元，财产性收入为 2 330 元，转移性收入为 3 894 元。

成都市社会保障日益完善。2019 年年末，全市参加城镇职工基本养老保险人数 887.4 万人，其中参保职工 676.4 万人。参加城镇职工基本医疗保险人数 923.6 万人，其中参保职工 719.6 万人。2019 年，2.3 万城镇居民、8.1 万农村居民得到政府最低生活保障，保障资金投入 6.9 亿元，其中投入农村 5.1 亿元。2019 年年末有各类社会福利机构 239 个，拥有床位 3.9 万张；有社区养老设施 2 248 个，拥有床位 3.5 万张；有各种社区服务设施 7 199 处，社区服务中心 261 个。

（4）教育与科技水平。

成都市教育事业稳步发展。成都市不断增加优质教育资源供给，新建、改扩建学校（幼儿园）100所，新投用公办学位10万个，39.7万名流动人员随迁子女在蓉入学。2019年年末，在蓉普通高校（含高职）56所，在校本专科学生86.9万人，博士研究生1.7万人，硕士研究生8.6万人，专任教师5.0万人；中等职业教育学校87所，在校学生18.4万人，专任教师9201人；普通中学621所，在校学生63.0万人，专任教师5.3万人；普通小学607所，在校学生102.9万人，专任教师5.9万人；幼儿园2630所，3岁及以上在园幼儿56.8万人，专任教师4.2万人。

成都市科技创新活力强。成都市高质量完成全面创新改革试验任务，成功举办2019年成都全球创新创业交易会；新增国家地方联合工程研究中心5家、国家级孵化企业3家；累计建成市级以上科技企业孵化器及众创空间231家；获得市级及以上科技成果奖202项、国家级科技奖励20项；完成科技攻关831项、成果推广990项。2019年，成都市共申请专利80819件。其中，发明专利有28199件，实用新型专利有41392件。2019年，成都市专利授权为50775件；其中，发明专利有9179件，实用新型专利有30260件。2019年，成都市万人有效发明专利拥有量为25.8件，同比增长15.2%；技术合同登记成交额达1136.8亿元，同比增长20.1%。

4.1.2 德阳市

德阳市总面积为5911平方千米，下辖2区、1县，代管3县级市，西面毗邻省会成都，位于长江经济带和丝绸之路经济带的交汇处。德阳市地处龙门山脉向四川盆地过渡地带，地形丰富，有山地、丘陵、平原等地形；西北部为山地垂直气候，东南部为中亚热带湿润季风气候。德阳市交通发达，距成都双流国际机场50千米，距青白江亚洲最大的铁路集装箱中心站24千米。德阳市是中国重大技术装备制造业基地。2017年11月，德阳市成为第二批国家应急产业示范基地。

2019年，在国际环境和国内条件发生深刻而复杂变化的局势下，德阳市以习近平新时代中国特色社会主义思想为指导，深入贯彻落实国家和省市各项决策部署，坚持稳中求进工作总基调，认真践行新发展理念，坚持以供给侧结构性改革为主线，积极推动高质量发展，扎实抓好稳增长、促改革、调结构、惠民生、防风险、保稳定等各项工作。德阳市呈现出经济运行稳中有进、人民生活持续改善、各项社会事业取得新进展的良好局面。

（1）综合发展情况。

2019 年年末，德阳市人口总户数为 156.3 万户，户籍总人口为 384.4 万人，其中，城镇人口为 126.0 万人，乡村人口为 258.4 万人。2019 年年末，德阳市常住人口为 356.1 万人，常住人口城镇化率为 53.9%。德阳市地区生产总值增长平稳，2019 年实现地区生产总值 2 335.9 亿元，按可比价计算，同比增长 7.2%，人均地区生产总值为 65 745 元。其中，第一产业增加值为 234.6 亿元，同比增长 2.5%；第二产业增加值为 1 184.4 亿元，同比增长 7.8%；第三产业增加值为 916.9 亿元，同比增长 7.7%；三次产业结构为 10.0∶50.7∶39.3。德阳市的民营经济不断发展，2019 年民营经济增加值为 1 380.8 亿元，同比增长 7.3%。民营经济占全市经济的比重为 59.1%，比上年提高 0.2 个百分点。2019 年，德阳市的居民消费价格比上年上涨 4.1%；工业品出厂价格上涨 0.6%；工业品购进价格上涨 2.3%。2019 年，德阳市实现一般公共预算收入 125.0 亿元，同比增长 6.3%①。

（2）人口与城镇化水平。

如图 4-2 所示，2015—2019 年，德阳市常住人口由 351.3 万人增加到 356.1 万人，常住人口变动并不很大，但城镇化建设步伐加快，常住人口城镇化率由 2015 年的 48.5%增长到 2019 年的 53.9%，增长了 5.4 个百分点。这主要得益于新型城镇化建设的深入推进，《德阳市新型城镇化规划（2017—2020年）》指出德阳从提升城镇就业吸纳能力、促进农村转移人口融入城镇两个方向来提高城镇化率和城镇化水平。

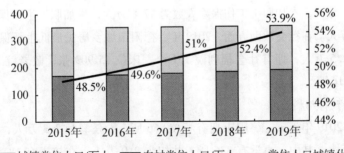

图 4-2　2015—2019 年德阳市常住人口结构及常住城镇化率

①　数据来源：《2019 年德阳市国民经济和社会发展统计公报》。

（3）居民收入和社会保障。

2015—2019 年，德阳市城乡居民可支配收入增长趋势基本相同，农村居民可支配收入增速高于城镇居民可支配收入增速，但都处于中高速发展阶段，城乡居民生活水平得到很大改善。2019 年，德阳市全体居民人均可支配收入为 37 222 元，同比增长 8.8%。其中，城镇居民人均可支配收入为 25 457 元，同比增长 6.2%；农村居民人均可支配收入为 18 249 元，同比增长 10.0%。图 4-3 为 2015—2019 年德阳市城乡居民可支配收入及其增长率。

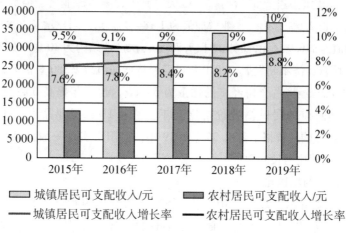

图 4-3　2015—2019 年德阳市城乡居民可支配收入及其增长率

2019 年德阳市就业 4.4 万人，回流人员再就业 4.4 万人，2019 年年末城镇登记失业率 3.7%。在社会保险方面，2019 年德阳市参加职工基本养老保险人数为 71.4 万人，参加失业保险人数为 37.1 万人，参加职工医疗保险职工人数为 81.1 万人，参加职工工伤保险人数为 47.8 万人，参加职工生育保险人数为 44.5 万人。在社会救助方面，2019 年，德阳市城乡居民最低生活保障已保人数为 12.5 万人，拥有社会福利院 151 个，床位 15 909 张；敬老院 116 个，床位 11 116 张。

（4）教育与科技水平。

截至 2019 年年末，德阳市拥有学校 866 所，专任教师 3.3 万人，在校学生 55.6 万人。其中，小学有 336 所，共招生 2.9 万人，在校生有 18.5 万人；初中有 124 所，共招生 3.0 万人，在校生有 8.5 万人；高中有 23 所，共招生 1.7 万人，在校生有 4.9 万人；中等职业学校有 18 所，共招生 1.2 万人，在校生有 2.6 万人；普通高校有 11 所，在校生有 12.0 万人。

在科技创新方面，德阳市争取到省级科技计划项目 104 项，拥有高新技术企业 205 个。2019 年，德阳市共申请专利 5 193 件，其中发明专利为 1 021 件；专利授权共 3 782 件，其中被授予发明专利权的有 295 件。

4.1.3 内江市

内江市位于四川省东南部，是我国交通运输部规划的国家公路运输主枢纽之一、四川省第二大交通枢纽和西南陆路交通的重要交汇点，是成渝经济区的中心城市，素有"川南咽喉""巴蜀要塞"之称。成渝高铁的开通，让内江市融入了"成渝半小时经济圈"。内江市既是四川的老工业基地，又是成都、重庆支柱产业的配套基地和副食品供应基地。内江市拥有钒钛钢铁、食品饮料、机械汽配等支柱产业，正在加快建设西部钒钛资源综合利用基地、中国循环流化床电站节能环保示范基地、中国"城市矿产"示范基地、中国汽车（摩托车）零部件制造基地、西部电子信息产业配套基地等五大新兴产业基地。内江市是国家商品粮生产基地、四川省粮食和经济作物的主产区、水产产业化试点市。塔罗科血橙、冬尖、周萝卜、柠檬等 17 个品种荣获无公害产品称号，"隆昌素"兰花获国家地理标志证明商标，资中"塔罗科血橙"通过国家绿色食品认证，"资中鲶鱼""永安白乌鱼"是我国地理标志产品。

2019 年，面对错综复杂的宏观经济形势，内江市始终坚持以习近平新时代中国特色社会主义思想为指导，坚持稳中求进工作总基调，坚持以供给侧结构性改革为主线，坚持高质量发展新要求，深入实施"六稳"政策措施，加快建设成渝发展主轴重要节点城市和成渝特大城市功能配套服务中心。

（1）综合发展情况。

内江市 2019 年地区生产总值为 1 433.30 亿元，按可比价格计算，同比增长 7.8%。其中，第一产业增加值为 240.50 亿元，同比增长 2.9%；第二产业增加值为 489.88 亿元，同比增长 8.9%；第三产业增加值为 702.92 亿元，同比增长 8.8%。2019 年，内江市人均地区生产总值为 38 743 元，同比增长 8.6%；三次产业结构由 2018 年的 17.4∶38.8∶48.8 调整为 2019 年的 16.8∶34.2∶49.0。2019 年，内江市的民营经济增加值为 855.14 亿元，同比增长 7.9%，占地区生产总值的比重为 61.8%，比上年提高 0.2 个百分点。2019 年，内江市的居民消费价格指数（CPI）比上年上涨 3.5%。其中，食品烟酒类商品价格上涨 10.3%，医疗保健类商品价格上涨 2.8%，居住类商品价格上涨 1.7%，生活用品及服务类商品价格上涨 0.4%。2019 年，内江市的工业生产者出厂价格指数（PPI）比上年上涨 3.5%；工业生产者购进价格指数（IPI）比上年上涨 9.7%[1]。

（2）人口与城镇化水平。

2019 年年末，内江市户籍人口数量为 408.18 万人，比 2018 年减少 3.59 万人。从人口性别结构来看，2019 年内江市男性人口数量为 210.34 万人，占比 51.53%；女性人口数量为 197.84 万人，占比 48.47%。2019 年，内江市的出生人口为 3.83 万人，出生率为 9.38‰；死亡人口为 5.34 万人，死亡率为 13.08‰。2019 年，内江市的常住人口为 370 万人；常住人口城镇化率为 50.58%，比上年年末提高了 1.48 个百分点。

（3）居民收入与社会保障。

如图 4-4 所示，2019 年内江市居民人均可支配收入为 25 508 元，同比增长 10.0%。其中，城镇居民人均可支配收入为 36 059 元，同比增长 9.3%；工资性收入为 22 214 元，同比增长 8.3%；经营净收入为 5 416 元，同比增长 13.2%；财产净收入为 1 893 元，同比增长 11.0%；转移净收入为 6 537 元，同比增长 9.4%。2019 年，内江市的人均消费性支出为 22 370 元，同比增长 9.5%。其中，居住支出增长 6.3%，生活用品及服务支出增长 4.0%，交通通信支出增长 11.1%，城镇居民恩格尔系数为 33.5%。2019 年，内江市的农村居民人均可支配收入为 16 450 元，同比增长 10.3%。其中，工资性收入为 6 498 元，同比增长 8.3%；经营净收入为 5 255 元，同比增长 12.0%；财产净收入为 448 元，同比增长 18.8%；转移净收入为 4 249 元，同比增长 10.6%。2019 年，内江市的农村居民人均生活消费支出为 13 008 元，同比增长 10.8%。其中，居住消费支出增长 8.6%，生活用品及服务消费支出增长 11.5%，交通通信支出增长 10.2%，医疗保健消费支出增长 15.3%，农村居民恩格尔系数 38.1%。内江市的人民生活水平得到有效改善。

---

① 数据来源：《2019 年内江市国民经济和社会发展统计公报》。

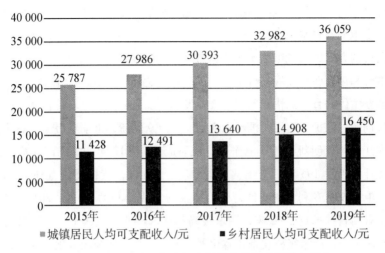

图 4-4 2015—2019 年内江市居民人均可支配收入概况

此外，内江全市参加机关事业养老保险（含退休人员）的人数为 10.96 万人；参加企业职工养老保险（含离退休人员）的人数为 84.25 万人；参加城乡居民养老保险的人数为 150.17 万人。城镇新增就业 5.21 万人，登记失业率为 3.73%。参加城镇职工基本医疗保险的人数为 44.33 万人，参加城乡居民基本医疗保险的人数为 317.59 万人。2019 年，内江市纳入城市低保人员的人数为 2.89 万人，农村低保人员的人数为 7.38 万人，城乡最低生活保障标准分别为 550 元/月、360 元/月。2019 年，内江市社区服务机构和设施共 660 个，公办养老机构适老化改造床位共 2 313 张。

（4）教育与科技水平。

在教育方面，内江市主动服务并融入成渝地区双城经济圈建设，在"学"上下功夫、在"谋"上动脑筋、在"质"上做文章、在"实"上出真招、在"争"上求主动，推进各级各类教育持续健康发展，加快推进教育现代化、建设教育强市、办好人民满意的教育，不断培养德、智、体、美、劳全面发展的社会主义建设者和接班人。2019 年年末，内江市共有各级各类学校 1 170 所，在校学生 57.01 万人，教职工 3.94 万人。其中，幼儿园有 689 所，在校生有 8.89 万人；小学有 274 所，在校生有 20.54 万人；初中有 137 所，在校生有 12.64 万人；普通高中有 39 所，在校生有 5.88 万人；高校有 5 所，在校生有 5.5 万人；特殊教育学校有 5 所，在校生有 670 人；中等职业学校有 18 所，在校生有 3.29 万人；技工学校有 2 所，在校生有 1 920 人；工读学校有 1 所，在校生有 30 人。内江市非常重视教育发展，不断加大对教育的投入，从总体上提升了全市的教育水平。

在科技方面，内江市深入实施创新驱动发展战略，以加快推进区域性科技创新中心和创新驱动发展先行市为引领，以深化市校（院）合作为主要抓手，强化创新主体培育，加快高新技术产业发展，加速科技成果转移转化，强化知识产权创造、保护、运用，推动大众创业、万众创新，推动全市经济高质量发展。内江市科技创新等各项工作取得明显成效。2019 年，内江市完成市级以上科技计划项目 195 项，全年共申请专利 2 509 件，获得授权专利 1 425 件。其中，申请发明专利为 456 件，获得授权的发明专利为 90 件。2019 年年末，内江市有高新技术企业 72 家，国家级高新技术产业开发区 1 个，国家级农业科技园区 1 个，国家级科技企业孵化器 3 个，省级科技企业孵化器 4 个，省级众创空间 1 个，国家级星创天地 2 个。内江市以科技带动经济发展，不断推动全市经济高质量、快速发展。

4.1.4 自贡市

自贡市位于四川省南部，是川南区域中心城市，成渝地区双城经济圈南部中心城市，享有"千年盐都""恐龙之乡""南国灯城""美食之府"的美誉。自贡是中国优质商品粮和商品猪生产基地，拥有一批中国知名企业以及晨光研究院、炭黑工业研究院、井矿盐研究院等全国性的研究院所。自贡是国家历史文化名城、中国优秀旅游城市、国家园林城市、对外开放城市、国家知识产权试点城市、国家卫生城市、中国"文学之城"百强市、省级风景名胜区、四川省环境优美示范城市、国家首批产业转型升级示范区。

2019 年，在多重矛盾叠加、多种困难交织的复杂局面下，自贡市始终坚持以习近平新时代中国特色社会主义思想为指导，认真践行新发展理念，坚持稳中求进工作总基调，统筹做好稳增长、促改革、调结构、惠民生、防风险、保稳定工作。自贡市经济发展稳中有进、总体向好。

（1）综合发展情况。

自贡市面积为 4 381 平方千米，共有 90 个乡镇（街道）、1 186 个村（社区）。自贡市有规模以上工业企业 547 个、建筑业企业 135 个、房地产开发企业 105 个、限额以上批发和零售业企业 336 个、限额以上住宿和餐饮业企业 112 个、规模以上服务业企业 202 个。2019 年，自贡市实现地区生产总值

1 428.49 亿元，按可比价格计算，同比增长 7.8%。其中，第一产业增加值为 202.36 亿元，同比增长 2.9%；第二产业增加值为 572.70 亿元，同比增长 8.2%；第三产业增加值为 653.43 亿元，同比增长 8.7%；三次产业对经济增长的贡献率分别为 11.2%、41.7% 和 47.1%。自贡市的人均地区生产总值为 48 904 元，同比增长 7.4%。三次产业结构由 2018 年的 14.4∶40.0∶45.6 调整为 2019 年的 14.2∶40.1∶45.7。2019 年，自贡市的民营经济（不包括港澳台和外商经济）增加值为 817.94 亿元，按可比价格计算，同比增长 7.9%，占地区生产总值的比重为 57.3%。其中，第一产业增加值为 53.05 亿元，同比增长 3.0%；第二产业增加值为 367.06 亿元，同比增长 8.3%；第三产业增加值为 397.83 亿元，同比增长 8.3%。自贡市的总体经济呈快速发展趋势，人民生活水平日益提高①。

（2）人口与城镇化水平。

如图 4-5 所示，2019 年年末，自贡市的户籍人口总数为 3 200 575 人，比 2018 年年末减少 27 269 人。其中，女性人口减少 12 108 人，下降 7.63‰。2019 年，自贡市的全年出生人口为 28 321 人，出生率为 8.8‰；死亡人口为 39 229 人，死亡率为 12.2‰，比 2018 年增加 23 463 人。其中，男性死亡人口为 22 377 人，比 2018 年增加 12 676 人，同比增长 130.67%；女性死亡人口为 16 852 人，比 2018 年增加 10 787 人，同比增长 177.86%；人口自然增长率为 −3.4‰。2019 年，自贡市的常住人口为 292.20 万人，比 2018 年年末增加 0.2 万人。常住人口中，城镇人口为 158.05 万人，农村人口为 134.15 万人，常住人口城镇化率为 54.09%，比 2018 年提高 1.48 个百分点。

2019 年，自贡市的户籍人口迁入 19 226 人，比 2018 年减少 2 528 人。其中，省内迁入 16 433 人，比 2018 年减少 2 199 人，下降 11.80%；省外迁入 2 793 人，比 2018 年减少 329 人，下降 10.54%。2019 年，自贡市的户籍人口迁出 33 386 人，比 2018 年减少 7 868 人。其中，迁往省内 24 948 人，比 2018 年减少 7 262 人，下降 22.55%；迁往省外 8 438 人，比 2018 年减少 606 人，下降 6.70%。2019 年，自贡市迁入、迁出人口比为 1∶1.74。人口的变化和流动，在一定程度上促进了自贡市的人才转换，有利于自贡吸纳新的人才，从而促进经济发展。

---

① 数据来源：《2019 年自贡市国民经济和社会发展统计公报》。

图4-5　2015—2019年自贡市人口总数及户籍人口城镇化率

（3）居民收入与社会保障。

2019年，自贡市城乡居民人均可支配收入为26 319元，同比增长9.3%；城乡居民人均消费性支出为19 013元，同比增长12.0%。其中，城镇居民人均可支配收入为36 622元，同比增长9.0%（见图4-6）；城镇居民人均消费性支出为24 415元，同比增长11.8%；农村居民人均可支配收入为17 277元，同比增长10.1%；农村居民人均消费性支出为14 271元，同比增长12.2%。从总体上看，自贡市近五年居民人均收入持续上涨，居民生活水平不断提高。

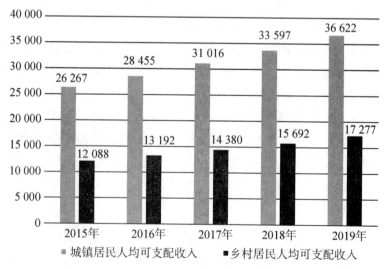

图4-6　近五年自贡市居民人均可支配收入概况

2019 年年末，自贡市城镇新增就业人数为 4.44 万人，城镇登记失业率为 3.41%，失业保险参保人数为 16.21 万人，比上年增长 7.5%。2019 年年末，自贡市城镇企业职工基本养老保险的在职参保人数为 41.45 万人，同比增长 3%。2019 年，自贡市的生育保险参保人数为 16.79 万人，同比增长 4.7%；工伤保险参保人数为 22.01 万人，同比增长 13.3%。2019 年，自贡市的养老保险费征缴率为 97.9%。2019 年年末，自贡市的城镇职工基本医疗保险参保人数为 40.69 万人，同比增长 2.1%；城乡居民医疗保险参保人数为 239.75 万人，同比下降 1.4%。

（4）教育与科技水平。

在教育方面，自贡市不断提高教学质量，为人民提供更好的教育条件，解决人民教育问题；在科技方面，自贡市不断加强对重点科技项目的支持，促进科技发展，以科技带动经济发展。

2019 年，自贡市有各级各类学校（园）720 所，在校生 47.18 万人，教职工 3.03 万人，专任教师 2.55 万人。其中，幼儿园有 438 所，在园幼儿 6.70 万人，学前教育三年毛入园率为 91.02%；小学有 114 所（另有教学点 184 个），在校学生有 16.67 万人，小学学龄儿童净入学率为 100%；初中（含九年制学校）有 119 所，在校初中生有 9.30 万人，义务教育巩固率为 99.8%；普通高中有 22 所，在校学生有 4.09 万人，高中阶段毛入学率为 91.2%；中等职业学校有 17 所，在校学生有 2.71 万人；特殊教育学校有 6 所，在校学生有 882 人；工读学校有 1 所，在册学生有 25 人；高等院校有 3 所，在校学生有 7.63 万人，其中全日制学生有 4.53 万人。

2019 年，自贡年实施市级以上重点科技项目 211 项。其中，省重点科技项目 102 项。2019 年，自贡市实施科技攻关项目 135 个；全市高新技术产业企业有 69 户；登记技术合同 404 份，合同成交额为 5.76 亿元，其中技术交易额为 1.90 亿元。2019 年，自贡市拥有有效注册商标 13 195 件、有效发明专利 1 166 件，分别比 2018 年增长 23.0%、12.3%。

4.2 重庆主城重要代表区域现状分析

4.2.1 涪陵区

涪陵区位于重庆市中部，东邻丰都县，南接南川区、武隆区，西连巴南区，北靠长寿区、垫江县。涪陵区地处三峡库区腹地，扼长江、乌江交汇要冲，处于长江经济带、乌江干流开发区、武陵山扶贫开发区的结合部。

2019年，涪陵区坚持以习近平新时代中国特色社会主义思想为指导，全面贯彻落实习近平总书记对重庆提出的"两点"定位、"两地""两高"目标、发挥"三个作用"和营造良好政治生态的重要指示要求，坚持稳中求进工作总基调，深入贯彻新发展理念，落实高质量发展要求，深化供给侧结构性改革，统筹推进稳增长、促改革、调结构、惠民生、防风险、保稳定，全区经济稳中有进，符合预期，经济高质量发展势头强劲。涪陵区坚持从全局谋划一域、以一域服务全局，在服从国家战略、全市大局中找准发展定位、强化责任担当，努力在成渝地区双城经济圈建设、全市"一区两群"协调发展中展现新作为，实现关键节点城市向枢纽城市的转变。

（1）综合发展情况。

如图4-7所示，2019年涪陵区实现地区生产总值1 178.66亿元，同比增长8.1%。其中，第一产业增加值为72.28亿元，同比增长3.6%；第二产业增加值为650.86亿元，同比增长8.1%；第三产业增加值为455.52亿元，同比增长8.7%。第一产业增加值占地区生产总值的比重为6.1%，第二产业增加值占地区生产总值的比重为55.2%，第三产业增加值占地区生产总值的比重为38.7%；三次产业结构由2015年的6.3∶60.7∶33调整为2019年的6.1∶55.2∶38.7，产业布局更加合理①。

---

① 数据来源：《重庆市涪陵区2019年国民经济和社会发展统计公报》。

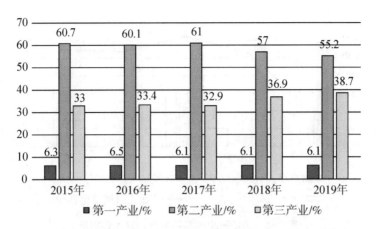

图 4-7   2015—2019 年涪陵区三次产业增加值占地区生产总值的比重

2019 年,涪陵区常住人口人均地区生产总值突破 10 万元,同比增长 7.6%;在常住人口中,城镇人口有 81.65 万人,农村人口有 35.38 万人;常住人口城镇化率为 69.77%,比 2018 年提高 1.05 个百分点。2019 年,涪陵区规模以上工业战略性新兴产业产值为 387.12 亿元,同比增长 15.7%;高技术产业产值为 198.05 亿元,同比增长 13.8%。2019 年,涪陵区投入各类扶贫资金 2.62 亿元。

(2)人口与城镇化水平。

如图 4-8 所示,2019 年年末涪陵区人口户数为 45.15 万户,户籍人口总数为 114.83 万人。户籍人口中,城镇人口有 51.28 万人,农村人口有 63.55 人,户籍人口城镇化率为 44.7%。按性别划分,男性人口有 58.36 万人,女性人口有 56.47 万人,人口性别比(以女性为 100)为 103.4。2019 年,涪陵区出生人数为 0.98 万人,死亡人数为 0.81 万人,人口自然增长率为 1.48‰。从时间节点来看,近 5 年涪陵区人口增速相对平稳,人口自然增长率略显下滑,但城镇化水平表现卓越(2019 年常住人口城镇化率为 69.77%,比 2018 年提高 1.05 个百分点)。涪陵区城镇人口不断增多,农村人口数量有序减少,跨区域人口流动与人才交换成为常态。

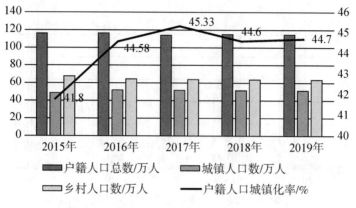

图 4-8　2015—2019 年涪陵区户籍人口概况

（3）居民收入与社会保障。

如图 4-9 所示，2019 年涪陵区居民人均可支配收入为 32 505 元，同比增长 10.4%。按常住地划分，城镇常住居民人均可支配收入为 39 940 元，同比增长 9.0%；农村常住居民人均可支配收入为 16 175 元，同比增长 10.1%。其中，城镇常住居民人均可支配收入中，人均工资性收入为 24 010 元，同比增长 8.7%；人均经营净收入为 4 578 元，同比增长 8.8%；农村常住居民人均可支配收入中，人均工资性收入为 4 737 元，同比增长 10.6%；人均经营净收入为 6 224 元，同比增长 7.5%。城乡居民收入比由 2017 年的 2.50∶1 缩小到 2018 年的 2.49∶1，再缩小为 2019 年的 2.47∶1，居民生活状况得到较大改善。

图 4-9　2015—2019 年涪陵区居民人均可支配收入与增速

此外，涪陵区城镇企业职工基本养老保险、城乡居民社会养老保险、城乡居民基本医疗保险、工伤保险等参保人数逐渐增加。截至 2019 年年末，涪陵区全年累计发放民政救助资金 3.26 亿元，困难群众、受灾群众基本生活得到保障。2019 年，涪陵区获得政府最低生活保障的居民人数为 3.38 万人，同比下降 5.9%。其中，城镇低保人数为 1.27 万人，同比减少 9.7%；农村低保人数达 2.11 万人，同比减少 3.4%。2019 年，涪陵区国家抚恤补助退役军人和其他优抚对象共 5 522 人。

（4）教育与科技水平。

2019 年，涪陵区科技实验经费支出为 18.6 亿元，同比增长 21.2%，这表明涪陵区越来越重视科技的作用。涪陵区现有科研事业机构 2 个，从事科技活动人员 99 名；国际及重点实验室 2 个，市级工程技术研究中心 17 个，区级技术创新机构 63 个。2019 年年末，涪陵区共有 58 所学校（其中，高等院校 3 所、中专院校 1 所、中职院校 6 所、普高 48 所），涪陵区的教育质量与学生就业质量逐年上升。

4.2.2 合川区

合川区地处嘉陵江、渠江、涪江三江并流处，扼川北水陆交通咽喉，俗称"江城"；东邻渝北区，南靠北碚区、璧山区，西连铜梁区、潼南区，北接华蓥市、岳池县、武胜县、蓬溪县。合川区是重庆与资源丰富的川北地区相连的纽带，也是重庆资金技术集约发展的延伸带，被誉为重庆通向四川北部、陕西、甘肃等地区的"经济走廊"。

2019 年，合川区坚持以习近平新时代中国特色社会主义思想为指导，深入贯彻习近平总书记视察重庆重要讲话精神，坚持稳中求进工作总基调，坚持新发展理念，坚持以供给侧结构性改革为主线，全区经济运行保持在合理区间，产业结构更加优化，高质量发展态势更加明显。

（1）综合发展情况。

如图 4-10 所示，2019 年，合川区实现地区生产总值 912.51 亿元，同比增长 8.9%。其中，第一产业增加值为 90.05 亿元，同比增长 3.0%；第二产业增加值为 431.97 亿元，同比增长 11.8%（其中，工业增加值为 304.50 亿元，同比增长 10.0%；建筑业增加值为 127.47 亿元，同比增长 17.0%）；第三产业增加值为 390.49 亿元，同比增长 7.0%。三次产业结构比由 2018 年的 10.9：45.2：43.9 调整为 2019 年的 9.9：47.3：42.8①。

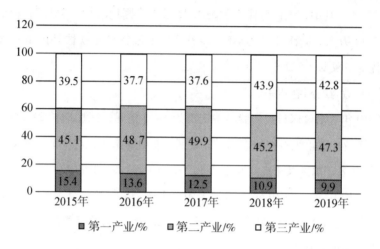

图 4-10　2015—2019 年合川区三次产业增加值占地区生产总值比重

2019 年，合川区实现财政收入 118.42 亿元，同比增长 4.1%；实现公共财政预算收入 41.53 亿元，同比增长 7.1%；实现税收收入 27.95 亿元，同比下降 1%（其中，增值税收入为 6.90 亿元，同比下降 3.5%）；合川区企业发展减负增效成果显著。2019 年，合川区的财政支出为 179.36 亿元，同比增长 15.2%。其中，一般公共服务支出为 9.50 亿元，同比下降 7.0%；教育支出为 19.34 亿元，同比增长 2.4%；社会保障和就业支出为 13.46 亿元，同比下降 8.8%；医疗卫生与计划生育支出为 15.24 亿元，同比增长 14.9%；城乡社区事务支出为 13.42 亿元，同比增长 54.0%。

---

① 数据来源：《重庆市合川区 2019 年国民经济和社会发展统计公报》。

（2）人口与城镇化水平。

据核算，2019年年末，合川区人口户数为586 720户，比上年减少3 217户；户籍人口为1 517 831人，比上年减少8 063人；户均人口为2.59人，与上年持平。其中，男性有781 360人，占总人口的51.5%；女性有736 471人，占总人口的48.5%；总人口性别比为106.1∶100（女性＝100）。此外，城镇户籍人口数为741 067人，占总人口的48.8%；农村户籍人口数为776 764人，占总人口的51.2%；户籍人口自然增长率为−1.39‰。当前，促进经济发展与人口合理流动是合川区区域合作的重点工作之一。

（3）居民收入与社会保障。

如表4-1所示，截至2019年年末，合川区城镇常住居民人均可支配收入为37 927元，同比增长8.8%；农村常住居民人均可支配收入为18 850元，同比增长9.3%。城镇常住居民人均消费性支出为29 892元，同比增长7.6%，恩格尔系数为31.3%；农村常住居民人均消费性支出为15 092元，同比增长7.5%，恩格尔系数为34.5%。

表4-1　2019年合川区居民收入分类细则表

指标	全体居民		城镇常住居民		农村常住居民	
	绝对额/元	同比增幅/%	绝对额/元	同比增幅/%	绝对额/元	同比增幅/%
人均可支配收入	31 981	9.9	37 927	8.8	18 850	9.3
工资性收入	14 157	10.3	18 202	8.7	5 225	8.1
经营性收入	7 521	12.2	7 355	12.5	7 886	12
财产性收入	2 001	6.2	2 542	4.6	807	4.8
转移性收入	8 302	8.3	9 828	7.2	4 932	7.1

资料来源：重庆市统计局。

如图4-11所示，2019年，合川区全体居民人均可支配收入约为2015年的1.5倍，居民收入持续增加。

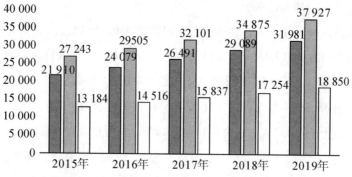

图 4-11　2015—2019 年合川区居民人均可支配收入

合川区居民基本实现社会保险全覆盖，解决了一批看病难、就医难等深层次社会问题。当前，合川区参加基本养老保险的人数为 104.96 万人（其中，参加城镇基本养老保险的人数为 42.63 万人，参加农村基本养老保险的人数为 62.33 万人）；2019 年，合川区养老保险实际缴纳保险金为 17.84 亿元，养老保险基金当年支出额为 37.41 亿元；基本医疗保险参保人数为 16.26 万人，工伤保险参保人数为 18.32 万人，生育保险参保人数为 10.28 万人，失业保险参保人数为 11.94 万人。

此外，合川区大力支持自主创业、返乡创业、失业人员实现人才转移与再上岗技能培训。合川区依靠社会救助体系，不断改善低保户、贫困户、残障家庭的生活质量，进一步夯实社会兜底政策。

（4）教育与科技水平。

2019 年，合川区的财政科技投入共计 4 166 万元，获益的高新技术企业达 106 家；合川区推出 412 个高新技术产品，科技创新能力明显增强。同时，合川区注重与其他区域的合作，完成智能化改造项目 69 个，新增市级企业技术中心 4 个，引进高层次专业技术人才 66 人、急需紧缺型人才 596 名。

重庆市统计局数据显示，2019 年，合川区有各类学校 315 所，专职教师 16 289 人，在校生 257 140 人，完成教育财政投入 19.33 亿元。教育事业关乎民族大业，合川区近年来也不断加大教育投入。目前，各行业核心专业人才资源仍处于紧缺状态，加强与周边地区的交流与合作将成为合川区教育改革与人才发展的长久之计。

4.3　重要代表城市空间布局与功能定位

4.3.1　成都市

（1）空间布局。

按照《成都市城市总体规划（2016—2035年）》，成都市将构建"一心两翼三轴多中心"的网络化市域空间结构。其中，"一心"是指龙泉山城市森林公园，"两翼"为中心城区和东部城市新区，"三轴"则是指东西城市轴线、南北城市中轴、龙泉山东侧新城发展轴。成都以成绵、成雅高速公路与成渝高速公路、成渝铁路为依托构建沿交通走廊的"T"字形发展轴。成都作为轴心城市，其发展越强劲，辐射范围就会越广，在西部地区起到的作用就会越大，地位就会越高。

（2）功能定位。

成都既是全省经济发展的支柱城市，也是成渝地区双城经济圈重要极核。成都作为成渝地区双城经济圈发展轴心城市，要以建设国家中心城市为目标，紧紧围绕"两中心两地"的战略定位，加强与重庆的互动联动，唱好"双城记"。

4.3.2　德阳市

（1）空间布局。

德阳市充分配合成都打造同城化空间结构，充分发挥成都国际铁路港这一高能级空间载体的引领带动作用，通过外向型功能同构、临港经济产业体系共育等重要规划举措，打造以成德临港经济产业带为核心的同城化高质量发展区，以深入落实建设成渝地区双城经济圈的战略部署。

德阳市进一步推动与成都在科技创新、金融服务、物流商贸等高端生产要素资源的融合，以提升德阳市的先进制造业竞争力、创新发展竞争力。同时，德阳市不断学习美丽宜居公园城市的建设理念和经验，以提升城乡环境质量。

（2）功能布局。

德阳是中国重大技术装备制造业基地、国家首批新型工业化产业示范基地、全国高等职业教育综合改革试验区。同时，德阳还有东方电气、国机重装、宏华石油等龙头企业，工业优势明显。德阳以制造业的转型发展与战略新兴产业的培育引领职业教育改革发展，以高技能人才的精准供给支撑制造业的转型发展、创新发展，着力打造制造业供给侧结构性改革的先行示范区。目前，德阳经开区、德阳高新区两个国家级园区，正大力发展的凯州新城和天府旌城，都将主动对接成都的产业转移。

4.3.3　内江市

（1）空间布局。

①市域城镇空间布局。

内江以"一核三轴三极多点"的市域城镇空间结构，以中心城区为发展极核，沿成渝高速城镇发展轴，培育多个重点特色城镇，实现区域价值更新。一核，即强化内江市中心城区核心地位，形成区域的交通枢纽、产业聚集中心、商贸物流中心；三轴，即依托市域内主要交通廊道形成的发展轴线；三级，即资中、威远、隆昌三个中等城市；多点，即培育多个重点城镇。

②市域产业空间布局。

内江规划了四大产业带。市域核心经济带——"内江工业走廊"：以成渝高速公路及"321"国道为干线，形成汽车零部件、再生资源、电子信息、绿色食品、生物医药、节能建材等为重点的特色产业带。沿沱江旅游文化产业带——保护风景旅游岸线，突出城市人文特色，大力发展文化旅游、都市旅游、观光旅游；依托城镇和产业特色，大力发展生态农业、观光农业，把沱江经济文化产业带建成贯穿内江的风光带、文化带和旅游带。内宜及内遂高速产业带——以内宜高速、内遂高速及"206"省道为干线，形成清洁能源、食用酒精、绿色农产品为重点的特色产业带。成自泸赤及内威高速产业带——以成自泸赤高速公路和内威高速为干线，形成以新型建材、煤化工为重点的特色产业带。

③中心城区空间布局。

内江市以沱江为轴线的沿江网络化组团式布局，构建"一心两廊、三城多片"的空间结构。一心即由旧城区商贸服务中心和东兴现代服务业及行政文化中心构成的城市核心。两廊即沱江南北向生态廊道和串联长江森林公园、城市绿心、黄鹤湖风景区的东西向生态廊道。三城即包括一个主城区和两个产业新城。多片区即含旧城区、东兴、谢家河、高铁高桥、邓家坝、城西综合居住、城西现代物流、白马、乐贤、椑木、椑南和黄鹤湖及长江森林公园功能片区。

（2）功能定位。

①成渝经济区中部区域性中心城市。

内江市是区位优势突出、城市功能完善、商贸物流业发达、辐射作用较强的成渝经济区中部区域性中心城市。

②川东南现代物流中心。

内江市以"结构合理、设施配套、技术先进、运转高效"的现代物流体系为依托，辐射和带动川东南现代物流业的发展。

③成内渝发展带重要的制造基地。

内江市以全国钒钛生产基地、全国循环流化床电站示范基地、中国西南再生产资源综合利用基地、西部汽车零部件产业基地、成渝经济区新型建材产业基地、成渝经济区绿色食品生产加工基地等基地建设为支撑，打造冶金建材、食品加工、医药化工、机械汽配四大产业带。

内江凭借其优越的地理位置，在成渝地区双城经济圈的建设中发挥着重要作用。作为川东南现代物流中心，内江市良好的发展态势能吸引更多人才，而人才的到来则有利于内江市科技、经济的不断发展，形成良性循环。

4.3.4　自贡市

（1）空间布局。

①市域城镇空间结构。

自贡市规划构建"一主、两副、十字轴"的市域城镇空间结构："一主"为产城一体化的中心城区；"两副"为荣县县城和富顺县城两个中心；"十字轴"为东西城镇发展轴和南北城镇发展轴。

②中心城区空间布局结构。

自贡市将形成"一绿心、两片区、多组团"的中心城区空间布局结构。"一绿心"是指位于城市中心的生态绿地。"两片区"和"多组团"是指通过城市生态绿楔和都市绿道划分所形成的城市功能片区和功能组团，分别指自流井-汇东片区、东部新城片区、贡井-舒坪组团、大山铺组团和沿滩组团。

（2）功能定位。

自贡是国家级历史文化名城、特色文化旅游城市、现代工业城市。自贡旨在打造国际文化旅游目的地，成为全国老工业城市产业转型升级示范区和国家级生态示范区、国家级服务贸易特色基地、国家文化产业示范基地和国家级双创示范基地。

自贡市作为特色文化旅游城市、现代工业城市，吸引着大量人才涌入。自贡市一直重视人才的引进和培育，发布了"盐都人才新政"，"打包"推出十条具体措施，对高层次人才、产业人才、返乡人才等群体分类强化政策扶持，对到自贡创业的国内外优秀人才（团队）可给予最高 2 000 万元的综合资助，对首次认定或新设立的平台可给予最高 100 万元的补助。

4.3.5 涪陵区

（1）空间布局。

①"一区"连接"两群"的重要战略节点。

涪陵区作为重庆主城都市区发展的重要支撑，是"一区"连接"两群"的重要战略节点，在全市发展格局中具有重要地位。从空间布局来看，涪陵区位于"一区两群"的"Y"字形节点，有着承接渝东南渝东北、通达黔北湘西的区位优势。今后，涪陵区将聚焦互联互通，坚持长短结合、远近结合，努力变节点城市为枢纽城市，加强与"中心区"的联系。

②实现内外联动，加强区域合作。

未来，涪陵区还将依托龙头港，加强与果园港、万州港的合作，加快推动铁路进港区，大力发展多式联运；加速建设沿江高速公路、南涪高速公路、渝利铁路、南涪铁路；完成乌江巷道涪陵段升级改造，形成"两江三高三铁"对外交通大格局。最终，涪陵区需要建成区域性综合交通枢纽，以大枢纽带动大物流、培育大产业、建设大城市，为涪陵打造主城都市区重要战略支点奠定基础，强化区域内综合竞争力。此外，涪陵区需要广泛开展与长三角、珠三角等发达地区的交流与合作，实现与发达地区的产业共兴，真正实现白涛园区的高质量发展。涪陵区需要主动与成渝地区相关园区积极对接，开展产业深度合作，推动园区和园区之间、企业与企业之间形成战略同盟，实现产业协同发展。

（2）功能定位。

①强化基础设施建设，打造区域特色物流港。

随着《四川省眉山市人民政府与重庆市涪陵区人民政府推动成渝地区双

城经济圈建设合作框架协议》《深化物流发展合作框架协议》《长江干线过江通道布局规划（2020—2035年）》等协议陆续签订，涪陵区将以成渝地区双城经济圈建设为契机，在水铁联运、产业协同、规划统筹、口岸服务等方面展开合作，构建高效、便捷的国际物流运行网络，全面深化并拓展对外开放通道。涪陵区将大力发展现代物流业，加强电商物流、冷链物流、智慧物流和枢纽物流建设，打造成渝地区东部重要的物流集散中心；依托成渝地区双城经济圈发展特色临港经济，打造港口物流基地，争取引进一批现代物流企业；加强交通基础设施建设，加快推动市政道路龙头港至两江新区快速通道的建设；力争升级改造铁路货运西站和建设龙头港集疏运中心；进一步推动龙头港港区建设，不断将航线和运力辐射至宜宾、泸州、永川、合川等成渝腹地。

②产业协同，提升科创园发展能级。

涪陵区紧扣"以产兴城、以城聚产、产城景融合"的发展思路，建成全国一流的宜居宜业宜游的工业园区。涪陵区依托装备制造、食品医药、电子信息、材料四大支柱产业，以现有产业为基础，突出壮"链"、强"药"、大"数"思路，做优做强智能制造、医养健康、数字经济三大产业集群，推动经济高质量发展。在智能制造方面，涪陵区将聚焦新能源及智能汽车、新材料、精密零部件、页岩气装备四大细分领域，建设成渝地区重要的现代制造业基地；在医养健康方面，涪陵区将聚焦医疗器械制造、现代中药、生物制药、健康食品、健康管理五大细分领域，打造成渝地区有较大影响力的医养健康产业集群；在数字经济方面，涪陵区将聚集大数据、软件服务、数字内容、智能终端和集成电路等，努力成为重庆建设国家数字经济创新发展试验区的重要支撑，力争到2035年，数字经济产业规模达到1 000亿元。

此外，涪陵区还将重点围绕龙头港，合理确定园区重点产业发展方向，集中力量打造优势产业集群。涪陵区围绕蓬威石化和万凯PET新材料，延伸聚酯产业链条，努力建成中西部乃至全国重要的PET新材料集群高地；重点招引一批大企业、好企业，提升入园企业整体实力，引导培育园区现有企业壮大自身实力和提升发展能级。

③人才共享，搭建区域资源合作平台。

涪陵区将立足于现有"五纵五横"的交通网络推动全区搭建人才综合培养基地，深化多区域技术型人才交流，打造面向金融、能源、医疗、教育等行业为中心的人力资源交互平台；强调从政务、经济、社会、文化、生态方面建立常态化沟通机制，充分释放资源红利，实现区域协调发展。

4.3.6　合川区

（1）空间布局。

①城乡空间布局。

根据《合川区城乡（市）总体规划（2015—2030年）》，合川区将形成"一心、四区、一廊、两带"城乡空间结构。合川区将围绕主城区构筑城市空间，完善区域中心城市职能；合川区将按照"整体保护、局部发展"的思路，将土场南部、清平场镇、三汇场镇等地的农业发展规模扩大，转变产业结构和经济增长方式，培育三汇、土场经济增长极，对内带动清平、香龙、双槐、狮滩、双凤等镇的发展，对外辐射广安华蓥市相邻区域，实现跨区协同发展；合川区将强化"北部城镇发展带"与"渝蓉城镇发展带"辐射效果，做好本区城乡协调、跨区合作的空间布局。

②区位空间布局。

合川区地处重庆西北部，是成渝经济区的重要节点城市，与南充、广安、遂宁等经济实力较强的地区相邻。从现有布局来看，合川—铜梁—潼南合作区友好互助机制日趋完善，"合铜潼"经济带逐渐形成。合川区与遂宁、南充、广安先后签订战略合作框架协议，建立起党政领导定期互访机制，在产业对接、交通建设、旅游开发、生态保护等方面的合作不断加强，"合遂南广经济圈"加快成型。未来，合川区可以充分利用资源优势，加强与四川东北部城市的交流与合作，并协同永川、涪陵等地加快构建成渝地区双城经济圈。

（2）功能定位。

合川区是成渝地区双城经济圈建设的重要节点，应当积极推进交通基础设施建设、现代化产业体系建设、人才培养与共享，以更好地融入成渝地区双城经济圈建设。

①强化交通建设，构建区域合作大格局。

为更好地推动区域协调联动发展，实现人民群众所盼，合川区立足战略全局，紧抓发展新机遇，多措并举、积极融入。未来，合川区将积极与四川省南充市、遂宁市、广安市合作，围绕经济社会发展各个领域，针对重大交通基础设施建设相关事宜进行协商，力争广泛建立与四川城市群的连接，增强经济社会发展的枢纽辐射能力。合川区将加快嘉陵江、渠江、涪江三江航道改造，构筑"一干两支"航运体系；完善交通网路格局，构建起区域协同发展的北部交通枢纽中心。

②挖掘产业优势，建设现代化综合中心。

现代化产业体系建设将成为合川区实现对外合作的新思路。合川区通过巩固提升装备制造业，加快整车产品转型升级，加快新品研发投放，迅速提升本地产业配套能力。此外，合川区未来将推动现有装备产品向智能化、系统化和成套化方面升级，积极引进、培育高端装备产品与人才，着力提高企业研发水平与能力。合川区不断强化医药行业区域合作，聚焦人民全方位全周期健康服务需求，借助其他城市的资源优势与技术人才优势完善现代化数字医疗产业链。同时，合川区还不断优化现代农业布局，创新现代农业合作机制。

③以人才交流为抓手，完善区域共享机制。

当前，合川区紧跟重庆市人才共享机制建设，积极融入两地高校联盟共建计划，提高科研能力。未来，合川区将继续深化与广安、南充等重要节点城市的人才交流与合作，以更加开放的人才落户政策、更高效的人才培养体系完善区域各行业人才共享机制。

5 区域人才协同发展的
动力与路径

　　成渝地区双城经济圈的建设需要汇集各方资源，需要各地区共同参与。这就要求各个城市共同努力，在《成渝地区双城经济圈建设规划纲要》的指引下，寻找区域协同发展的动力与路径。

5.1 区域协同发展的动力

5.1.1 国家政策的宏观引领

　　国家从顶层设计方面制定了一系列成渝地区双城经济圈建设政策规划，为成渝地区双城经济圈内区域协同发展奠定了坚实的政策基础。2003 年，中国科学院地理科学与资源研究所的研究报告——《中国西部大开发重点区域规划前期研究》提出："在未来 5 至 10 年内，要积极构建以成渝两大都市为中心、各级中心城市相互联系和合作的中国西部最大的双核城市群，形成西部大开发的最大战略支撑点，西部地区人口、产业、信息、科技和文化等集聚中心，长江上游经济带的核心。"

　　2011 年，国家发展改革委印发《成渝经济区区域规划》（以下简称《规划》）。《规划》指出，根据资源环境承载能力和发展基础，统筹区域发展空间布局，依托中心城市和长江黄金水道、主要陆路交通干线，形成以成都、重庆为核心，包括众多节点城市在内的"双核五带"（成绵乐发展带、沿长江发展带、成内渝发展带、成南（遂）渝发展带、渝广达发展带）空间格局，推动区域协调发展。2016 年，国务院印发《成渝城市群发展规划》，并提出把建设重要节点城市作为优化城镇体系的抓手，提升专业化服务功能，培育壮大特色优势产业；强化江津、德阳等在重庆、成都都市圈中的协作配套功能，发挥遂宁、大足等区位优势明显城市对成渝主轴的支撑作用，完善自贡、达州等城市在城镇密集区发展中的支点作用，更加明确了节点城市的功能定位。2020 年，国家发展改革委印发《2020 年新型城镇化建设和城乡融合发展重点任务》，明确指出 2020 年编制成渝地区双城经济圈建设规划纲要。成渝地区双城经济圈建设的国家政策引领变得更加明确、具体，更有针对性，各区域协同发展的政策保障也更加完善。

5.1.2 节点城市协同发展的内在利益驱动

与重庆、成都两个核心城市相比，成渝地区双城经济圈内其他节点城市发展相对缓慢，人口经济聚集能力相对较弱，一部分区位条件好、资源环境承载能力强的城市发展潜力亟待挖掘。各城市之间的基础设施互联互通程度不高。在成渝地区双城经济圈的建设中，各节点城市有了更便利的条件来实现协同发展。例如，可以依托长江黄金水道及沿江高速公路、铁路，充分发挥重庆的辐射带动作用，促进泸州、宜宾、江津、长寿、涪陵、丰都、忠县、万州等节点市的发展，建设沿江生态型城市带；依托成绵乐城际客运专线，成绵、成乐、成雅高速公路等构成的综合运输通道，发挥成都辐射带动作用，强化绵阳、德阳、乐山、眉山等城市的节点支撑作用，带动沿线城镇协同发展。在成渝地区双城经济圈的规划建设下，各个节点城市有着更强的内在利益驱动力来实现协同发展。

5.1.3 区域合作的框架基础

《成渝城市群发展规划》指出，要发挥重庆和成都双核带动功能，重点建设成渝发展主轴、沿长江和成德绵乐城市带，促进川南、南遂广（南充、遂宁、广安）、达万（达州、万州）城镇密集区加快发展，提高空间利用效率，构建"一轴两带、双核三区"空间发展格局。各个节点城市之间原本便有着良好的合作框架基础，具体包括：以重庆主城区以及成都、德阳、南充、眉山、资阳、宜宾、江津、涪陵等为重点的成套装备制造业产业集群；以内江、遂宁、乐山、万州、达州等为重点的装备制造业加工产业集群；以两江新区和天府新区为引领，乐山、自贡、泸州、德阳、宜宾、内江、永川、江津、合川等为支撑的包括生物产业、新能源产业、信息技术产业的战略性新兴产业集群；成都—德阳—绵阳—乐山—雅安中药产业集群；泸州—宜宾—遵义白酒金三角加工基地；涪陵—万州榨菜加工产业基地；忠县—长寿沿江柑橘加工基地；渝北—巴南乳制品加工基地；万州—开县—云阳县食品加工基地；以成都、重庆为引领，以绵阳、乐山、宜宾、泸州、万州、永川、大足、南川、丰都等为战略支撑形成的旅游商务休闲产业体系。随着成渝地区双城经济圈加快建设，在已有的成渝城市群合作框架的基础上，各个城市之间的联系将更加紧密。

5.1.4　领导小组的协同组织

习近平总书记在中央财经委员会第六次会议上强调，要推动成渝地区双城经济圈建设，在西部形成高质量发展的重要增长极。成渝地区双城经济圈的建设涉及面广、跨越时间长、建设任务重，因此加强领导和协调，统筹好各项工作就显得尤为重要。2016年国务院印发《成渝城市群发展规划》，明确提出川渝两省要切实加强规划实施的组织领导，在川渝两省联席会议制度基础上，进一步健全协作机制，明确责任分工，制订实施方案，落实各项工作，形成工作合力。同时，国务院有关部门也要切实履行职能，研究支持成渝城市群发展的各项措施。国家发展改革委、住房城乡建设部加强了对规划实施情况的跟踪分析和督促检查，实施开展对规划实施情况的评估。2020年，国家发展改革委发布《2020年新型城镇化建设和城乡融合发展重点任务》，指出要编制《成渝地区双城经济圈建设规划纲要》。加快推进规划编制实施，促进重庆市、四川省通力协作，加大成渝地区发展统筹力度等工作，由国家发展改革委、重庆市和四川省有关部门负责。国家、中央部委以及省市政府所构成的领导协调机制，为各节点城市实现协调发展提供了坚实的制度保障。

5.2　区域人才协同发展的路径

5.2.1　中央统筹安排的纵向路径

党和政府是成渝地区双城经济圈建设的最高规划者，在区域人才协同发展中起着政策引领、组织协调和制度规范的作用。第一，政策引领，即制定《成渝地区双城经济圈建设规划纲要》，明确区域内各城市的功能定位，通过顶层设计引领成渝城市群实现深度合作，协调发展；结合区域内各城市和地区的区位优势、产业基础、发展特点及开放程度等特点对各城市和地区的功能定位进行区别规划。第二，组织协调，即在政府的指导下，从规划和实践方面协调两地各地区之间的竞合关系。各地区要发挥市场决定性作用，立足自身比较优势，促进产业分工协作，引导产业集群发展，积极发展新经济，建设共享平台，夯实区域合作产业基础。第三，制度规范，即各级政府要通过已有的制度规范和绩效考核体系，引导和督促各地区积极参与成渝地区双城经济圈建设，充分调动各地区参与合作的积极性和主动性，更高效地推动成渝地区双城经济圈的人才协同发展。

5.2.2　地方自主联动的横向路径

各级地方政府是成渝地区双城经济圈建设的具体实践者，区域内各城市和地区在国家相关政策引领下，在有关领域已经开展了一些合作，并形成了一定的协同效应。从成渝地区双城经济圈建设以及区域内城市发展角度来看，各城市之间自主联动、抱团发展是很好的发展方式；但从协同发展的角度来看，当前区域之间的合作领域和合作方式都停留在初级阶段，协同发展的效果还没有得到充分彰显。从长远来看，区域协同发展的合作领域要进一步拓宽，以促进各城市之间的产业分工与协同，培育优势产业集群；推动各城市之间基础设施互联互通；推进生态环境共治；健全城市群协调发展机制等。同时，区域内各地区要在所在经济区或城市群中发挥中心辐射作用，引领整个经济区和城市群发展。

第三部分

成渝地区双城经济圈人才建设与产业发展

6 成渝地区双城经济圈
重点产业机遇分析

本章主要介绍成渝地区双城经济圈重点产业发展现状与产业机遇。本章通过梳理成都和重庆两地目前产业总体发展情况以及重点产业现状，明晰成渝两地产业发展的共同方向与互补之处，并介绍目前成渝地区双城经济圈中的部分重点合作内容。随后，本章通过对成渝各地政府政策的梳理，指出成渝地区双城经济圈外部环境的优势和在农业、工业、服务业、高新产业等不同行业中的发展机遇。

6.1 成渝地区双城经济圈核心城市产业情况梳理与分析

6.1.1 成都产业发展现状

（1）总体发展情况。

成都市统计局发布的数据显示，2018 年成都市实现地区生产总值 15 342.77 亿元，同比增长 8.0%（按可比价格计算，下同），高出全国 1.4 个百分点。2019 年成都市的地区生产总值为 17 012.65 亿元，同比增长 7.8%，高出全国 1.7 个百分点。成都市的经济发展向好态势不变。围绕新时代经济高质量建设目标，成都市坚定把牢"总体平稳、稳中提质"的发展逻辑不动摇。

如图 6-1 所示，分产业看，2018 年，成都市第一产业增加值为 522.59 亿元，增长 3.6%；成都市第二产业增加值为 6 516.19 亿元，增长 7.0%；成都市第三产业增加值为 8 303.99 亿元，增长 9.0%，三次产业结构为 3.4∶42.5∶54.1。

2019年，成都市第一产业实现增加值612.18亿元，增长2.5%；成都市第二产业实现增加值5 244.62亿元，增长7.0%；成都市第三产业实现增加值11 155.86亿元，增长8.6%，三次产业结构为3.6∶30.8∶65.6。2014—2019年，成都市第一产业占比基本保持不变，均低于4%；第二产业呈现出下滑趋势，占比降至30%左右；第三产业强势崛起，占比超过65%。由此可以看出，成都市产业结构不断优化，经济发展动能转换取得阶段性胜利。目前，成都八大特色优势产业中，电子信息业与汽车工业发挥着主导性作用；冶金工业连续亏损，负向影响了整体经济成效；轨道交通业与生物医药业表现出强劲发展动力，持续助力成都市产业转型升级。此外，文旅融合产业成为时下热门发展产业，成都市拟投资打造一批极具"四川特色""成都味道"的休闲景点与文创产品。

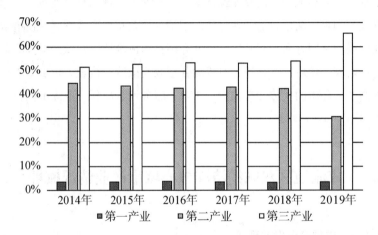

图6-1　2014—2019年成都市产业结构变化趋势

（2）成都市重点产业现状。

以电子信息业、汽车工业、机械工业为代表的八大特色优势产业持续助推成都市经济高质量发展动能转换与结构调整；匹配"新发展理念"深层次化实践，成都市产业发展迈出跨越式步伐。此外，以轨道交通、生物医药、文化旅游为代表的新兴产业正强势崛起，成都市产业结构面临新变化、新机遇。

①八大特色优势产业占绝对主导地位。

工业经济稳步增长，规模以上企业工业增加值同比增长7.8%①。2018年，

①　数据来源：《2019年成都市国民经济和社会发展统计公报》。

八大特色优势产业资产共计 11 658 亿元，占全市产业总资产的 85.23%，利润总额达到 541 亿元。2019 年，在八大特色优势产业中，电子信息业产值同比增长 12.5%，机械产业产值同比增长 8.7%，汽车工业产值同比下降 9.0%，石化产业产值同比增长 19.2%，食品饮料及烟草产业产值同比增长 8.6%，冶金产业产值同比增长 12.2%，建材产业产值同比增长 13.8%，轻工业产值同比下降 0.2%。先进制造业能级得到提升。2019 年，五大现代产业（电子信息业、食品饮料产业、装备制造产业、先进材料产业和能源化工产业）的营业收入为 10 182.2 亿元，同比增长 5.1%，占规模以上工业企业营业收入的比重达 87.1%；规模以上企业高技术制造业增加值同比增长 11.9%。其中，医疗仪器设备及仪器仪表制造业、航空航天器及设备制造业、计算机及办公设备制造业分别增长 19.2%、17.5%、14.2%。

2018 年八大特色产业资产、利润占成都市总资产、总利润的比重如图 6-2 所示。电子信息业、机械工业与汽车工业的资产占成都市总资产的比重超过 10%，建材工业、轻工业、冶金工业的资产占成都市总资产的比重低于 5%。目前，电子信息业与汽车工业对成都市经济发展贡献了主要力量，冶金工业负向影响了成都市的经济发展。

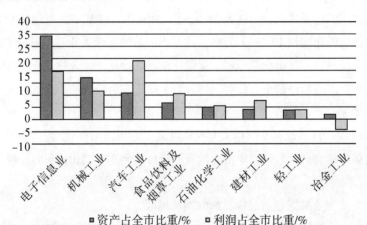

图 6-2　2018 年八大特色产业占成都市总资产、总利润的比重

从产业整体布局与发展情况来看，八大特色优势产业引领产业集聚，发挥了明显的带头作用。各产业的具体情况如下：

a. 电子信息业飞速发展，高新工业区勇当领头羊。

2018 年，电子信息业资产合计达 4 693 亿元，占全市比重 34.31%。其中，成都高新区 123 家规模以上电子信息业企业累计实现产值 3 000.5 亿元，同比增长 20.41%，产值总额占成都高新区工业产值规模的 84%，固定资产投资额超过 225 亿元。2019 年，电子信息业增长 12.5%。2020 年 4 月 10 日，成都市召开电子信息产业生态圈推介会，现场签约 25 个项目，总投资额达 231 亿元。

b. 汽车工业提质升级，产能增速稳中向好。

2018 年，汽车工业资产合计达 1 509 亿元；营业收入达到 1 951 亿元；利润总额达到 162 亿元。成都市衔接国家重大西部战略规划，承接海内外一批优秀汽车制造企业落户；此外，本土汽车品牌建设与研发更加注重技术投入。汽车工业成为高新制造的一张特色名片。

c. 机械制造转型优化，走可持续发展路子。

2018 年，成都市机械工业资产合计达到 2 356 亿元，总利润达到 79 亿元。传统机械工业遭遇技术壁垒与转型危机，成都市机械工业制造开始布局技术路线，融合大数据、人工智能、物联网等高新信息技术，为机械工业的可持续发展奠定坚实基础。

d. 石油化学工业厚积薄发，体系建设趋于完善。

2015 年，成都市的石油化学工业开始盈利。2018 年，石油化学工业资产合计达到 728 亿元，总利润达到 38 亿元。2019 年，成都市的石油化学工业的工业增加值同比增长 19.2%。目前，成都市的石油化学工业基本形成了以石油制品、合成材料、基础化学原料、精细化学品、盐化工、天然气化工等为主要行业门类，产品品种较全、配套基础较好、研发实力较强的综合性石化体系。

e. 食品生产持续助力满足人民美好生活需求。

2019 年，食品饮料及烟草工业规模以上工业增加值同比增长 8.6%。2018 年，成都市的食品饮料及烟草工业的资产合计达到 948 亿元，利润总额超过 72 亿元。

f. 冶金工业缺乏创新思维，面临淘汰风险。

冶金工业发展放缓，近五年未能实现盈利。2018 年，成都市的冶金工业资产合计达到 300 亿元，但亏损达到 26 亿元。从长期来看，成都市转移一批、整治一批、关停一批特大污染类冶金工业生产既是对经济发展质量的重视，也是贯彻落实新发展理念、淘汰落后产能的重大举措。

g. 建材工业成为经济发展新的助推器。

建材工业对经济的拉动力量逐年增强。2018 年，成都市的建材工业资产合计达到 579 亿元，利润总额达到 53 亿元，利润额同比增长 47.7%，建材工业已成为新的经济增长点。

h. 轻工业减速慢行，重视高质量发展。

近年来，成都市的轻工业发展增速放缓，对经济的拉动作用逐年减弱。2018 年，成都市的轻工业资产合计为 541 亿元，利润总额为 26 亿元。2018 年，轻工业的资产同比下降 19.8%，利润同比下降 41.7%。传统轻工业生产优势受到冲击，"以质取胜"格外受到重视。

②轨道交通业形成"一校一总部三基地"错位协同发展格局。

根据《成都市轨道交通产业生态圈蓝皮书（2019 年）》，成都市 2019 年有轨道交通企业 279 家；2019 年轨道交通装备制造业实现营业收入 285.2 亿元，同比增长 8.8%；服务业实现营业收入 168.3 亿元，同比增长 15.7%。根据成都市政府建设规划，轨道交通业推动高质量发展需要抓住成渝地区双城经济圈建设、"新基建"以及川藏铁路等项目规划建设带来的新机遇，不断建强轨道交通产业链，加快轨道交通网络建设。预计到 2025 年，成都"人城产"融合发展成效显著，全市轨道交通产业链营业收入达到 2 200 亿元，每年实现超过 9% 的增速。

③生物医药在蓉投融资规模持续扩大，生物产业成为具有竞争优势的新产业。

近年来，成都高新区生物产业迅速崛起。2018 年，2 000 万元以上医药制造业企业达到 190 家，营业收入达 576 亿元。2019 年，在蓉生物医药产业规模突破 500 亿元，规模以上企业工业产值为 255 亿元。成都高新区构建"4 链 1 社区 1 体系"，以产业链筑基、供应链通路、创新链赋能、金融链助力，融入国际社区，成为全国第四个生物制品（含批签发）通关资质口岸。天府国际生物城孵化园交付使用，并吸引千名人才入园。中国生物技术发展中心发布的《2019 中国生物医药产业园区竞争力评价及分析报告》显示，成都高新区中国生物医药产业园区综合竞争力在全国排名第六，仅次于北京中关村、上海张江高新区等地区。

④文化旅游产业快速发展，对海内外游客吸引力增强。

如图 6-3 所示，2018 年，成都市旅游总收入达到 3 713 亿元，同比增长 22.4%；旅游创汇收入达到 144 亿美元，同比增长 10.7%。

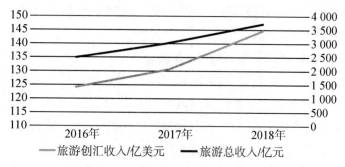

图 6-3　2016—2018 年成都市文化旅游产业发展状况

6.1.2　重庆产业发展现状

（1）总体发展情况。

重庆市统计局数据显示，2019 年全市实现地区生产总值 23 605.77 亿元，按可比价格计算，同比增长 6.3%。分产业来看，第一产业实现增加值 1 551.42 亿元，同比增长 3.6%；第二产业实现增加值 9 496.84 亿元，同比增长 6.4%；第三产业实现增加值 12 557.51 亿元，同比增长 6.4%。2019 年，全市人均地区生产总值达到 75 828 元，同比增长 5.4%；三次产业结构为 6.6∶40.2∶53.2（见图 6-4）。近年来，重庆市大力发展第三产业；2019 年，重庆市第三产业对地区生产总值的贡献率超过 50%；第二产业发展放缓，对地区生产总值的贡献率逐年下降①。

2019 年，重庆市规模以上工业战略性新兴制造业增加值比 2018 年增长 11.6%；高技术制造业增加值增长 12.6%，占规模以上工业企业增加值的比重分别为 25.0% 和 19.2%。新一代信息技术产业、生物产业、新材料产业、高端装备制造产业分别增长 16.0%、7.9%、10.3% 和 7.8%。2019 年，重庆市高技术产业投资比 2018 年增长 18.0%，占固定资产投资（不含农户）的比重为 6.8%；工业技术改造投资增长 6.9%，占工业投资的比重为 39.0%。2019 年，重庆市限额以上批发和零售企业网上商品零售额比 2018 年增长 13.5%，高出非网上商品零售额增速 8.6 个百分点。

分行业看，电子信息业对重庆经济发展的拉动作用明显，继续发挥主导作用；智能装备产业与新材料产业发展态势良好，成为经济发展新动能；汽车制

---

① 数据来源：《2019 年重庆市国民经济和社会发展统计公报》。

造业发展速度放缓。与成都相同，重庆市文化旅游产业发展也处于持续升温状态，在吸引海内外游客、拉动内需等方面发挥了不可替代的作用。

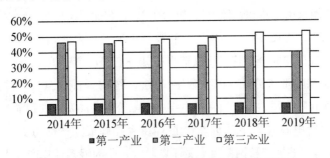

图 6-4　2014—2019 年重庆市产业结构变化趋势

（2）重庆市重点产业现状。

2017 年以来，重庆市积极打造改革新高地，建立重庆自贸试验区以助推七大优势产业合力发展。截至 2019 年 11 月底，重庆自贸试验区新增企业注册资本总额超 4 300 亿元，占全市的比重为 23.1%；新增注册外资企业 554 户，占全市的比重为 22.8%。当前，重庆市以电子信息业、智能装备制造业、汽车制造业为代表的特色优势产业带动全市产业融合，形成产业竞争新优势。

①电子信息业继续发挥核心主导作用。

电子信息业是重庆市工业的第一支柱产业。2019 年，重庆市电子信息业产值实现 11.1% 的增长，高出全市工业增速 4.3 个百分点，占全市工业产值的16.6%，对全市工业增长的贡献率达 33.9%。截至 2019 年年底，重庆全市拥有规模以上电子信息企业 639 家，主营业务收入全国排名第 7 位，是全球重要的笔记本电脑产业基地和全国重要的手机制造基地。2019 年，重庆市智能终端产品的产量为 3.6 亿台（件），同比增长 5.9%。其中，计算机的产量为7 614 万台，同比增长 8.9%（含笔记本电脑 6 422 万台，同比增长 12.1%）。手机的产量为 1.74 亿部。

此外，重庆市集成电路、新型显示器、家电产品、仪器仪表、机电产品的产值分别增长 3.1%、10.4%、10.3%、14.9%、16.6%。在当前重庆市电子信息业中，计算机整机及配套产业占比 51.7%，手机及配套产业占比 19%，电子核心部件、智能仪表等其他电子产业合计占比 29.3%，初步形成多点开花、错位发展、齐头并进的产业结构。

②智能装备制造业再上新台阶，体系建设日趋完善。

2019 年，重庆市智能化商品零售业实现快速增长，可穿戴智能设备增长44.0%、智能家用电器和音像器材增长 50.3%、智能手机增长 37.6%。2019 年以来，重庆市已建设 140 个智能工厂和数字化车间，推动实施 1 280 个智能化改造项目，提前完成全年智能化改造目标任务。2019 年 5 月 22 日，由中国工业互联网研究院重庆分院、海尔数字科技（重庆）有限公司、川崎（重庆）机器人工程有限公司、重庆川宜机电设备有限公司共同发起的智能装备工业互联网联合创新中心（以下称创新中心）在渝挂牌成立，助力更多在渝企业"上云平台"。"芯屏器核网"产业链不断壮大，华为鲲鹏计算产业生态重庆中心、海康威视重庆基地二期项目落地，紫光华智数字工厂、瑞声科技智能制造产业园等项目开工，联合微电子中心、英特尔 FPGA 中国创新中心、工业大数据制造业创新中心等项目投入运营，智能产业销售收入增长 14%。从成果来看，以技术为核心的智能制造体系已经形成，市场影响力逐年提升。

③汽车制造业产量下滑，迭代升级迫在眉睫。

2015 年，重庆市汽车产量已突破 300 万辆，成为当时全国第一大汽车生产基地。2016 年，重庆汽车产量达到 316 万辆，同比增长 4%。但是，2017 年以来，重庆市汽车产业发生变化，汽车产量和销量同时下滑，这不仅拉低了重庆市汽车产业的增速，而且缩小了重庆市的税收规模。2018 年，重庆市汽车产业产值为 3 740 亿元，汽车产量为 205 万辆，汽车产业增加值同比下降17.3%；2019 年，重庆市汽车产业增加值比上年下降 4.1%。许多自主、合资品牌及汽车零部件配套产业正遭受"行业寒冬"和"洗牌"危机。2019 年8 月，重庆市政府下发了两江新区困难企业稳定补助资金，但收效甚微。

未来，重庆市汽车产业加快向中高端、电动化、智能化、共享化方向转型，支持长安汽车、北京现代汽车进行新品研发投放。

④新材料产业创新引领力不断增强。

2018 年，重庆市新材料产业产值同比增长 6.5%；2019 年，重庆市新材料产业产值同比增长 10.3%。目前重庆市共有 25 个新材料产业园，其中包括5 个国家级园区、4 个省级园区、16 个市级园区。未来，重庆市将做强具有优势的先进基础材料，引进先进制造业亟须的关键战略材料，并培育具有先导地位的前沿新材料。

⑤文旅产业释放夜间经济新动能。

2019 年，重庆市共有博物馆 104 个，文化馆 41 个，公共图书馆 43 个，艺术表演团体 22 个。2019 年，重庆市生产电视剧 2 部、电影 21 部，发行各类报纸 16 813 万份、各类期刊 4 300 万册，出版图书 13 777 万册。

《2019 年重庆市旅游业统计公报》显示，2019 年，重庆市接待游客总量（6.57 亿人次，同比增长 10%）和实现旅游总收入（5 739.07 亿元，同比增长 32.1%）再创新高。重庆市文旅投资持续增长，2019 年完成固定资产投资 1 254.53 亿元；签约优质文旅项目 140 个，协议金额达 4 190 亿元。因旅游业带动，2019 年重庆市住宿业营业额、餐饮业营业额同比分别增长 11.3%、13.4%。《2019 年中国大陆民宿业发展数据报告》显示，重庆市民宿数量全国第一、好评率位居全国省级行政区前十。重庆市连续三年在界面新闻"中国旅游业最发达城市排行榜"位列第二，获评 2019 年全国夜间经济十强城市第一名、2019 年度中国城市旅游品牌第二名。

6.1.3 成渝地区双城经济圈产业现状及合作现状

（1）成渝地区双城经济圈重点城市产业发展方向。

成渝地区双城经济圈之间的同质竞争较严重，大多数城市没有比较优势产业，产业同构加剧造成了地区合作特色不鲜明、竞争优势不突出等问题。例如，成都和重庆都大力发展汽车制造业和电子信息业，行业竞争激烈，难以发挥出本土资源优势和品牌优势，在一定程度上扭曲了资源配置。重庆荣昌区与四川内江市、泸州市三地，都将装备制造、生物医药等作为当地主导产业并大力发展，这会使得各地区在小范围内引起恶性竞争甚至摩擦，对于招商引资、资源配置、政策扶持以及品牌打造将造成负面影响。因此，成渝地区双城经济圈建设要突出宏观政策引导，避免丧失地域特色。城市群之间应根据本土优势，细化重点产业发展方向，有序整合相关资源并创造合作机会，优势互补，提升经济圈产业整体竞争力。结合《四川省人民政府办公厅关于优化区域产业布局的指导意见》，本书将四川省重点城市未来产业发展方向进行梳理和归纳，如表 6-1 所示。

表 6-1　四川省重点城市产业发展方向

城市	电子信息行业	装备制造行业	先进材料行业	食品饮料行业	能源化工行业	特色产业
成都	集成电路、新型显示、信息安全、软件与信息服务、智能终端、新一代网络技术、大数据、人工智能、虚拟现实	传统汽车、新能源与智能汽车、轨道交通、航空发动机、航空与燃机、航天装备、节能环保、智能装备、医疗设备及器械	高性能纤维及复合材料、特种金属功能材料、锂电池材料、太阳能电池材料、燃料电池材料、高分子材料、新型无机非金属材料、前沿性材料	生物技术药、新型化学药、中药制造、川菜调味品、优质白酒、饮料制造、农产品精深加工		
德阳	电子元器件、智能终端、大数据	发电设备、输变电装备、油气化工与海洋工程装备、航空与燃机、智能装备、轨道交通	化工材料、锂电池材料、新型建筑材料	优质白酒、饮料制造、烟草制造、医药制剂	硫磷钛化工、天然气化工	
绵阳	新型显示、数字视听、软件与信息服务、新一代网络技术	传统汽车、新能源与智能汽车、节能环保、核技术及应用装备、智能装备、航空发动机	特种钢铁材料、磁性材料、化工新材料、高性能纤维及复合材料、太阳能电池材料	农产品精深加工、优质白酒、中药制造、化学药		
遂宁	电子元器件、新光源、集成电路		锂电池材料、石墨烯材料	优质白酒、农产品精深加工、休闲食品	精细化工、盐卤化工、天然气化工	
乐山	电子元器件、集成电路、光电信息、半导体	节能环保、核技术及应用装备	钒钛钢铁材料、有色金属材料、稀土材料、太阳能电池材料、高性能纤维及复合材料	精制川茶、饮料制造、农产品精深加工		

表6-1(续)

城市	电子信息行业	装备制造行业	先进材料行业	食品饮料行业	能源化工行业	特色产业
雅安	电子元器件	汽车零部件、新能源与智能汽车	有色金属材料、新型建筑材料、电子专用材料	精制川茶、饮料制造、农产品精深加工		
眉山	新型显示	轨道交通、工业机器人、医疗设备与器械、机械零部件、节能环保	有色金属材料、化工材料、高性能纤维及复合材料		精细化工、日用化工	
资阳	集成电路、云计算	轨道交通、传统汽车、智能装备	口腔装备材料	饮料制造、农产品精深加工、中药制造		
自贡	智能终端、电子元器件	节能环保、航空与燃机、电力装备	高分子化工材料、有色金属材料、石墨烯材料		盐化工	
泸州	智能终端、北斗应用	航空航天与燃机、汽车零部件、工程机械、医疗设备及器械	化工新材料、太阳能电池材料	优质白酒、农产品精深加工、生物制药、中药制造、化学药		
内江	信息安全	汽车零部件、轨道交通、节能环保	新型建筑材料、钒钛新材料、高性能纤维及复合材料、陶瓷新材料	中药制造、生物制药、化学药		
宜宾	智能终端	轨道交通、新能源与智能汽车、通用航空	高性能纤维及复合材料、新型建筑材料、化工材料、金属复合材料	优质白酒、农产品精深加工、精制川茶		
南充	电子元器件、智能终端、软件与信息服务	传统汽车、新能源与智能汽车、精密零部件、农业机械			石油化工、精细化工、化工新材料	丝绸纺织、化纤纺织、棉纺织、服装生产

表6-1(续)

城市	电子信息行业	装备制造行业	先进材料行业	食品饮料行业	能源化工行业	特色产业
广安	智能终端、电子元器件	轨道交通、节能环保、汽车零部件	化工新材料、玄武岩纤维、新型建筑材料、先进轻纺材料		精细化工、盐化工	
达州		汽车零部件、农业机械	玄武岩纤维、微玻璃纤维、高分子化工材料、新型建筑材料	农产品精深加工、医药制剂	天然气化工、锂钾化工	

从成渝两地重点城市产业发展状况和结构布局来看,以电子信息、汽车制造、智能装备、新材料加工为代表的一批强势制造业将成为各城市群重点合作和关注的焦点;此外,文化旅游、国际商贸、物流供应等极具现代性的服务产业从长远看来将持续为成渝两地合作注入新鲜血液。以产业布局为核心强化成渝地区双城经济圈建设将会为两地创造更多的市场机遇和光明的合作前景。因此,成渝城市群内各重点城市应主要围绕优势制造产业强化合作,并在此基础上搭建起以新兴制造业(汽车制造、电子信息、装备制造、食品加工等)为"心脏",以优势服务业(旅游、商贸、物流等)为"羽翼",以传统工农业为"血肉"的成渝地区双城经济圈发展模型。在汽车制造业方面,重庆、成都可以积极向机械加工、天然气化工基础较好的其他城市扩散零部件生产,使得各城市发挥出最大优势,从而提升汽车制造业在全国的竞争力。在电子信息业方面,成渝两地可以加大和科研院所的研发合作力度,提高技术话语权和产业附加值,积极向区域内基础条件好的城市扩散零部件或外围设备生产,提高产业集聚力,延长产业价值链。在旅游业方面,成渝地区要以重庆、成都为中心,以有效串联城市群内旅游景点为出发点,设计、优化旅游线路,打造国际旅游目的地,提高旅游消费水平。在商贸物流方面,成渝地区要利用重庆、成都信息制造和服务上的技术优势,加快推进信息技术在城市群商贸物流上的广泛应用,优化并利用好商贸物流信息平台和电商平台,合理布局物流设施,加快城市群内商品物资的流通速度。

(2)成渝城市产业合作现状。

近年来,重庆与四川共同推动成渝地区建设,努力推进成渝地区发展取得新突破，开创合作发展新局面。目前两地产业分工合作格局基本形成。

在地区的协同推进革新方面，两地的国家和省级科学技术创新基地、科学研究器械设备、科学技术文献相互开放。电子科技大学在重庆西永微电园设立微电子产业技术研究院，重庆大学在内江设立产学研协同发展创新中心。

在引导产业协作共兴方面，成渝两地共同支持汽车整车及零部件研发生产企业、科研机构创新合作模式，推进川渝城市轨道交通、生物医药等产业深入合作、协同发展。目前，资阳川渝轨道交通关键零部件数字化铸造工厂示范工程建成投产。成渝两地共同建立旅游合作工作机制，研究制定《关于联合打造国际文化旅游目的地的行动方案（2018—2020年）》，联合打造精品旅游线路。四川省政府将对接国家部委和重庆市，加强川渝新材料产业对接，探索建立新材料产业区域协调合作发展机制，培育一批支撑成渝地区双城经济圈产业链协调发展的新材料产业集群。此外，重庆、成都在推进园区合作共建方面也取得了显著成效。"重庆空港工业园区配套产业园"在邻水高滩川渝合作示范园挂牌，共引进企业84家。

（3）成渝经济圈重点城市与地区合作现状。

产业集群有利于中小企业转变经济发展方式，走"专、精、特、新"路子。加强与成渝两地大企业的合作，对促进区域经济发展，联合中小企业建立统一开放的大市场具有重要的现实意义①。当前，成渝两地已实现深度合作，涌现出一批极具代表性的城市间合作典范（如荣昌区与内江市、渝北区与资阳市、江津区与泸州市等）。

2018年，重庆市荣昌区与内江市签订战略协议。在此基础上，2019年，荣昌区又加强了与泸州市、永川区的联系，形成了"内泸荣永"协同发展格局。重庆市荣昌区、四川省泸州市和内江市将共谋发展，努力成为成渝地区新的增长极，依托川渝毗邻地区的泸州航运港口、内江铁路枢纽、荣昌国际货运枢纽机场等基础优势，打造以荣昌、泸州、内江为主要城市的国际物流"金三角"。

重庆市渝北区与资阳市共建"智慧空港"，共同打造"航空+"电商物流基地。渝北区与资阳市签署了合作协议，将在临空经济、汽车产业、生物医药等多个领域开展深度合作。

---

① 王子璇，唐杰.对成渝经济区现状分析及一体化的建议[J].现代商贸工业，2008（11）：112-113.

重庆市江津区与泸州市达成合作协议,将在推动综合交通走廊建设、打造川渝黔旅游"金三角"、加强生态环境共建共治等九个方面进一步加强合作。江津区和泸州市在交通设施互通上已初具基础,2013年通车的渝泸（江合）高速,全长47.7千米,起于江津先锋镇,与泸州市合江县相接。这条高速实现了长江上、中、下游的快速互通,打破了长江上游与中下游之间的陆路高速交通瓶颈,也是首条真正意义上的贯穿长三角的高速公路通道。江津区与泸州市正在积极协调渝泸高速公路扩能、渝赤叙高速纳入两省市高速路网规划,落实接点协议。同时,江津区与泸州市正在加快完善毗邻旅游公路和农村公路,畅通两地"毛细血管"交通网络,打通两地毗邻地区断头路。

重庆市潼南区与遂宁市签订合作协议,明确在交通基础设施项目建设、电商物流、文化旅游、社会管理、生态环境共治等11个方面开展深入合作,促进两地设施互通、产业共兴、创新协同、服务共享、环境共治,协同推进两地经济高质量发展。潼南区还将与广安市建立科技信息资源共享机制,开展跨省异地就医联网直接结算;与广安市建立医疗机构医学检验互认机制,避免老百姓重复就诊。

重庆市江北区与四川省巴中市签署友好城市战略合作协议,两地将充分发挥各自优势,把巴中市丰富的自然资源、特色产业、市场潜力等优势与江北区发达的商贸、金融、智能智造、人才资源等优势紧密结合起来,通过园区对接、产业联动、梯度转移,推进两地互动、互补、互惠发展。目前,江北区正与四川省广安市、遂宁市、泸州市、德阳市、内江市和成都市青羊区、大邑县加紧对接。

6.2　成都、重庆两地重点产业机遇分析

6.2.1　成都、重庆两地产业发展优势分析

（1）高端要素集聚度不断提升。

成都正吸引越来越多高端要素集聚。高端人才加快涌入,截至2018年年底,成都引进"诺贝尔奖"获得者8人,拥有国家、省、市重点人才计划的高层次人才2 123人、顶尖团队131个。创新成果不断涌现,专利授权量达57 604件,有效发明专利拥有量达36 020件,万人有效发明专利达22.45件,

同比分别增长 39.3%、17.4%和 16.5%。成都的现代金融业加速发展，成都在中国基金业协会备案的基金管理机构有 374 家，基金实缴规模有 1 229.6 亿元。"天府国际基金小镇"已成为国内首家正式投入运营的自贸区基金小镇。

截至 2018 年年底，重庆市的人才总量达到 527.6 万人，占人力资源总量的 29.6%；中高级专业技术人才有 86.7 万人，占专业技术人才的 50%；高技能人才有 99.7 万人，占专业技术人才的 27.7%。重庆还大力引进"高精尖缺"人才，全年柔性引进"两院"院士 61 名。

（2）国际化营商环境不断优化。

在普华永道等机构联合发布的《中国城市营商环境质量报告 2018》中，成都排名全国第四，重庆排名全国第九。成渝两地的商事制度改革向纵深推进，企业住所（经营场所）申报登记制试点改革区域进一步扩大，"多证合一"改革持续深化。2020 年，《重庆市进一步做好利用外资工作若干措施》提到，重庆累计引进外商投资超千亿美元，落户世界 500 强企业 293 家。成渝两地的营商环境加快了市场化、法制化、便利化进程，为企业发展营造了良好的外部环境。

（3）企业创新活力不断增加。

截至 2018 年年底，成都市累计建成市级以上科技企业孵化器和众创空间 200 家，成功孵化企业 760 家；校院企地深度融合发展，校院企地签约项目 374 个，投资额超 4 000 亿元；建成国家、省、市工程技术研究中心等超 1 200 家。"双创"知名度不断扩大，成都成功举办第四届全国"双创"活动周主会场活动，举办"菁蓉汇"品牌系列活动 168 场、社会创新创业活动 1 789 场。良好的创新氛围为创新创造活动和企业加速成长营造了良好的创新生态环境。截至 2018 年年底，重庆市市级以上科技企业孵化器已达到 67 家。2018 年 8 月以来，重庆市新培育重点科技型企业 2 490 家，培育国家级和市级技术创新示范企业 48 家。企业科技创新动力明显增强，2018 年，重庆市规模以上工业企业研发投入达 305 亿元。企业的知识产权保护意识明显增强，2018 年重庆市专利授权达 45 688 件，发明专利授权达 6 570 件，万人发明专利拥有量达到 9.08 件。

（4）政策环境不断完善。

成都市颁布《成都市城市总体规划（2016—2030 年）》《成都市产业发展白皮书》《成都制造 2025 规划》《成都市服务业发展 2025 规划》等文件，详细列举成都未来重点发展方向与产业,对产业的发展提供了强有力的政策支持。

重庆市颁布《重庆市推动制造业高质量发展专项行动方案(2019—2022年)》《重庆市城乡总体规划》《重庆市建设国家重要现代制造业基地"十三五"规划》《重庆市现代服务业发展计划(2019—2022年)》等文件,为重庆未来重点产业发展提供了详细规划与指导意见。

6.2.2 成渝地区双城经济圈的产业机遇

(1)成渝地区的优势产业。

成都优势产业包括汽车、电子信息、石化、建材、食品饮料及烟草、机械、轻工、冶金在内的八大特色优势产业;重庆优势产业包括汽车、电子、材料、消费品、化工、装备、医药、摩托车、能源在内的九大支柱产业。其中,汽车制造业、电子信息业、石油化工业、建材产业、机械装备业以及消费品业(包含食品饮料及烟草、轻工)为成渝两地发展的共同优势产业(见图6-5),成渝两地可以强强联合,推动成渝地区双城经济圈快速发展。

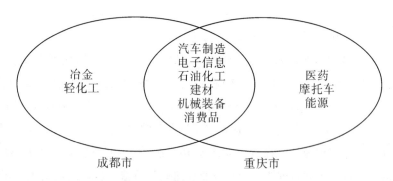

图6-5 成渝两地特色产业对比图

(2)成渝地区高新技术产业。

成都市顺应全球新一轮科技革命和产业变革,聚力构建高质量现代产业体系。2019年,成都有20个项目荣获年度国家科学技术奖,新增国家地方联合工程研究中心5家;四川农业大学、成都中医药大学2个省部共建国家重点实验室通过专家评审,正式获批后国家重点实验室总数将达到12个;新增四川省工程技术研究中心、工程实验室等省级科技创新平台75个。同年,成都市通过"科创投"联合组建天使投资基金14只、规模达16.06亿元,组建了知识产权基金3只、规模达11.93亿元,引导投资创新型企业111个、金额8.42

亿元。根据成都市政府 2018 年颁布的《关于大力发展高新技术服务业支撑产业功能区及园区建设增强西部科技中心功能的实施意见》，成都市高新技术产业重点服务电子信息、汽车制造、食品饮料、装备制造、生物医药五大支柱产业，航空航天、轨道交通、节能环保、新材料、新能源五大优势产业，人工智能、精准医疗、虚拟现实、传感控制、增材制造等未来产业。同时，高新技术服务业也将开拓新经济领域。

2020 年 3 月，重庆市高新技术企业首次突破 3 000 家，达到 3 141 家。重庆市目前重点发展的高新技术产业有电子计算机及办公设备制造业、电气机械器材及专用设备制造业、电子及通信设备制造业、化学原料及化学制品制造业。成渝两地可在电子设备制造、装备制造、医药化工等产业进行优秀人才互动交流，提升优势产业的主导地位。

（3）成渝地区的现代服务业。

据成都市人民政府颁布的《成都市服务业发展 2025 规划》，成都市将构建"2211"产业体系，即围绕资源配置和消费服务 2 个功能，推动生产性服务业和生活性服务业 2 个领域的发展，大力发展现代物流业、金融服务业、信息服务业、科技服务业、商务服务业、新兴服务业、商贸流通业、旅游业、文化创意产业、健康服务业以及社区服务业等 11 个重点行业。整体来看，成都市现代服务业发展态势良好，未来将进一步加大对现代服务业在资金、政策、信息、技术等方面的支持力度；更加注重对第三产业的智能化投入，打造高端服务聚集区和强势品牌。

据重庆市人民政府颁布的《重庆市现代服务业发展计划（2019—2022年）》，重庆市将创新发展金融服务、现代物流、软件与信息服务、文化旅游、大健康服务等支柱服务业，大力发展研发设计、服务外包、专业服务、检验检测、节能环保、电子商务、教育培训等高端服务业。成渝两地在现代服务业方面有多个相似的发展方向，两地可以在现代物流、金融服务、软件与信息服务、科技研发、电子商务、商贸流通、文化旅游、健康服务、居民与社区服务等领域进行交流。表 6-2 为成渝两地现代服务业发展方向对比。

表 6-2　成渝两地现代服务业发展方向对比

成都现代服务业发展方向	重庆现代服务业发展方向	两地共同发展方向
·现代物流 ·金融服务 ·信息服务 ·科技服务 ·商务服务 ·新兴服务 ·商贸流通 ·旅游 ·文化创意 ·健康服务 ·社区服务	·现代物流 ·金融服务 ·软件与信息服务 ·研发设计 ·电子商务 ·检验检测 ·商贸流通 ·文化旅游 ·大健康 ·服务外包 ·专业服务 ·节能环保 ·教育培训 ·会展 ·居民住房 ·居民与家庭服务	·现代物流 ·金融服务 ·软件与信息服务 ·科技研发 ·电子商务 ·商贸流通 ·文化旅游 ·健康服务 ·居民与社区服务

（4）成渝地区的现代农业。

成都市 2017 年开始启动都市现代农业产业生态圈建设，以农、商、文、旅、体融合发展为核心，在科技、种业、加工、博览等产业链前端、中端、后端上持续发力，强链补链、聚链成圈。成都将继续深入实施乡村振兴战略，持续推进城乡融合发展重点工程、重点改革和共享平台建设。成都将设立乡村振兴发展基金，加快建设现代农业功能区，启动 10 万亩（1 亩≈666.67 平方米，下同）灌区现代化改造，建设高标准农田 25 万亩，切实保障粮食安全。成都不断健全农产品批发市场和零售网络，建设中国（成都）国际农产品加工产业园，加快恢复生猪生产，确保重要农产品有效供给；大力发展农村电商、乡村文创、民宿经济等。

2019 年，重庆市提出要围绕主导产业，形成产加销一体化发展格局，构建集生产、加工、科技、人才、储藏、物流、销售、服务于一体的农业全产业链；要拓展延伸农业功能，示范引领融合驱动；深度挖掘农业产业价值、生态价值、文化价值，发掘农业的观光旅游、休闲体验、生态涵养、科普教育、文化传承等多种功能，依托规模化特色农业基地，做好"农业+"文章；推进产村融合，发展休闲农业和乡村旅游等新业态，推动山水林田湖草系统综合治理，实现产业生态化、生态产业化。此外，2020年重庆市提出，要深化土地制度改革，扎实开展第二轮土地承包到期后再延长30年试点，持续推进承包地"三权分置"改革，稳步推进宅基地改革；深化产权制度改革，完成整市推进农村集体产权制度改革试点，扩大深化改革试点，全面推进"三社"融合发展，完善小农户与现代农业有机衔接机制，壮大村级集体经济；深化投融资改革，完善农业金融多层次服务网络，持续推进农村产权抵押融资，创新农业保险服务，引导更多社会资本投入乡村振兴。

7 成渝地区专业技术人才
队伍建设现状

2020 年 1 月 3 日，习近平总书记主持召开中央财经委员会第六次会议，提出大力推动成渝地区双城经济圈建设，在西部形成高质量发展的重要增长极。而专业技术人才作为成渝地区双城经济圈发展的主要推动力，是实现经济发展的重要资源。成都市与重庆市作为此次成渝双城经济圈的主体城市，专业技术人才发展现状以及人才之间的匹配互补性将是成渝双城经济圈得以协同发展的关键驱动力。本章将全面对比分析成都市与重庆市两地的专业技术人才现状，并指出两城之间人才聚集和流动的主要特征，为成渝双城经济圈的协同发展提供人才调动等方面的建议。本章同时通过对两城人力资源服务业发展状况的剖析，强调人力资源服务产业对成渝双城经济圈的支撑作用。

7.1 成渝地区专业技术人才发展现状

7.1.1 成都市专业技术人才发展现状

四川省专业技术人才队伍建设持续加强，省级人力资源社会保障部门于 2018 年出台《关于分类推进人才评价机制改革的实施意见》《关于深化职称制度改革的实施意见》等系列政策，健全评价体系、完善评价标准、改进评价方式、创新评价机制，初步建立起以品德、能力和业绩为导向的评价标准体系和分类评价体系，这是四川省自 1986 年建立专业技术职务聘任制 30 多年来的首次重大改革。截至 2017 年年底，四川人才资源总量已达 715.54 万人，比

2012 年增长 30.7%。专业技术人才队伍量质齐升，包括非公有制组织在内的从业人员职称工作进一步加强，政策红利持续释放，人才队伍不断壮大。截至 2018 年年底，全省专业技术人才总量达 344 万人，其中高级职称 40 万人，占比 11.6%。四川省大力实施领军人才培养工程，评选产生第十二批省学术技术带头人 610 名、第十三批省有突出贡献优秀专家 325 名，获人力资源社会保障部批准享受国务院特殊津贴人员 91 名；印制《四川省博士后创新实践基地管理办法》，举办"量子信息技术"全国博士后学术交流活动、中国博士后科技服务团凉山行活动；首次举办海外学子报国行活动，获人力资源社会保障部批准新建博士后科研工作站及分站 18 个；围绕全省战略新兴产业布局，新规划设立创新实践基地 25 个，设站规模和在站人数均居全国前列。成都市认真贯彻落实省委关于加快推进深度贫困地区脱贫奔康系列指示，引导更多人才向艰苦边远贫困地区流动，积极推动落实基层深度贫困县人才振兴工程等人才政策，打好贫困地区人才发展振兴"组合拳"，在一定程度上缓解了贫困地区人才匮乏、引不进、留不住的难题。

四川省技能人才队伍建设不断强化。省级人力资源社会保障部门于 2018 年印发《"天府工匠"培养工程实施方案》，提出用三年时间，实施高技能人才培养开发等六大工程，打造享誉全国的"天府工匠"，培养规模宏大的"技能川军"。出台《四川省技工院校教师职称评审办法》，首次设置技工院校正高级职称，实现了历史性突破，拓展了技工院校教师职业发展通道。制定《四川省"天府万人计划"实施办法》及配套文件，首次明确将高技能人才纳入天府领军人才范畴。

四川省大力开展职业培训。截至 2018 年年底，全省共有技工院校 89 所，其中高级技工学校 11 所、技师学院 17 所，在校学生有 12.2 万人，当年招收新生 5.0 万人，毕业学生有 3.6 万人，就业率达 98.0%；另有民办职业培训机构 1 408 个，就业训练中心 116 个。

在四川省的积极带领下，成都市因地制宜，结合自身发展特点，深入实施人才优先发展战略，努力构建促进高质量发展的人力资源协同体系；围绕现代产业体系建设，加大人才精准引育；成功举办"独角兽"企业推介引才、重点企业进知名高校院所招才引才、"蓉漂人才荟"青年人才招聘会、海外高层次人才才智对接、海外创新创业大赛等系列引才引智活动；建成全市人才信息系统，发布成都人才白皮书；加快构建与经济社会发展需要高度协同的专业技术人才评价体系，制定人才认定和评价办法，全面落实人才落户政策；实施"技能成都"品牌培育计划，加快区域性技能品牌建设。

成都市从 2014 年开始全力推进专业技术人员继续教育工作，经过多年的人才引进和技术人员培训，截至 2016 年年底，全市专业技术人才总量达205.32 万人。2018 年引进急需紧缺专业技术人才 2 600 人，其中，硕士及以上学历 500 人。全市共有两院院士 33 人，其中，中国科学院院士 12 人，中国工程院院士 21 人。全市共有国家有突出贡献中青年专家 121 人；享受国务院特殊津贴专家 2 814 人；"世纪百千万人才工程"一、二层次人选 72 人；四川省学术和技术带头人 1 219 人；四川省学术和技术带头人后备人选 1 679 人；四川省有突出贡献的优秀专家 1 615 人；成都市优秀专家 105 人；享受成都市政府特殊津贴人才 579 人。表 7-1 为成都市两院院士学科分布情况。

表 7-1　成都市两院院士学科分布情况

中国科学院院士		中国工程院院士	
学科	人数	学科	人数
信息技术科学部	4	信息与电子工程学部	7
数学物理学部	1	化工、冶金与材料工程学部	5
技术科学部	2	机械与运载工程学部	4
化学部	1	能源与矿业工程学部	4
地学部	2	环境与轻纺工程学部	1
生命科学和医学部	2		

截至 2016 年年底，成都市持证工作（半年以上）的外国人才 3 023 人，近 5 年留学回国人员约 1.6 万人，其中国家"千人计划"专家 169 人，省"千人计划"专家 672 人。留学回国人员就业单位所处产业主要集中在新能源、新材料、现代金融、电子信息、生物制药等。图 7-1 为 2016 年成都市外国人才学历分布，图 7-2 为 2016 年成都市留学回国人员学历分布。

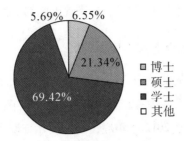

图 7-1　2016 年成都市外国人才学历分布

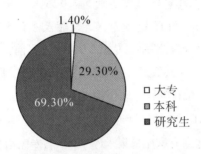

图 7-2　2016 年成都市留学回国人员学历分布

2016 年成都市专业技术人才在第一、第二、第三产业分布比重分别为 0.36%、37.39%、62.25%（见图 7-3）。

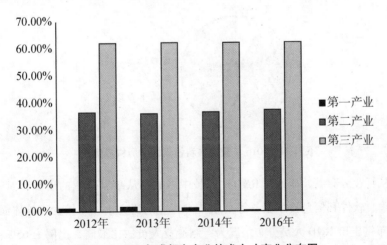

图 7-3　2016 年成都市专业技术人才产业分布图

截至 2018 年年底，四川省常住人口达 8 341 万人，专业技术人才资源占常住人口总量的比例达到 4.12%。截至 2018 年年底，成都市常住人口达 1 633 万人，专业技术人才密度达到 11.26%，这表现出成都市在人才方面的优越性。

7.1.2 重庆市专业技术人才发展现状

为积极响应人才强国战略，重庆市不断优化人才环境，大力实施人才项目，人才队伍建设取得重要进展。重庆市从 2012 年开始，逐渐加大对专业技术人才的培训力度，截至 2012 年年底，全市人才资源总量达到 445.32 万人，其中，专业技术人才资源 120.98 万人。经过多年的人才投入和引进策略，截至 2018 年年底，全市人才资源总量达到 527.6 万人。其中，专业技术人才有 187.21 万人，高级职称人员有 17.3 万人，技能人才有 360 万人。重庆共有院士 15 人，享受国务院政府特别津贴专家 2 644 人。目前，重庆市累计建成市级院士专家工作站 88 家、区县级院士专家工作站 26 家，柔性引进院士 181 名、高层次专家 486 名。全市技能人才队伍中，高技能人才（高级工、技师、高级技师）的占比逐年增加，到 2018 年年底为 99.7 万人。重庆市建立人才"一站式"公共服务平台，建立专家库采集入库 4 500 名专家信息。

专业技术人才是科技人才的重要组成部分。截至 2016 年年底，重庆市的专业技术人才比重持续上升至 83.67%。图 7-4 为 2016 年重庆市科技人才学历构成情况。

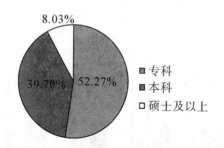

8.03%

39.70% 52.27%

■ 专科
■ 本科
□ 硕士及以上

图 7-4　2016 年重庆市科技人才学历构成情况

从行业分布看，研发（R&D）人员中多数都从事制造业的研究，对于信息传输、软件和信息技术服务等高新技术行业的研究则相对较少。具体而言，2016 年重庆市 R&D 人员分布情况为：制造业人员占比最高，比例为 65%；教育行业占 19%，科学研究和技术服务业占 9%；信息传输、软件和信息技术服务业占比较低，仅为 2%（见图 7-5）。而重庆市传统工业在重庆市工业总量中的占比约为 70%，这种 R&D 人员的行业分布与工业结构间的高度相似性也反映出人才集聚与行业发展的密切相关性。

截至 2018 年年底，重庆市常住人口为 3 102 万人，人才资源密度为 17%，专业技术人才占常住人口的比例为 6.04%。

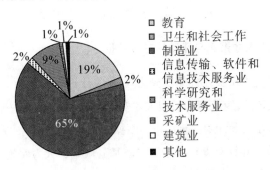

图 7-5　2016 年重庆市 R&D 人员行业分布情况

7.2　成渝地区人才聚集与流动的主要特征

7.2.1　成都人才聚集与流动的主要特征

人才是实现民族振兴、赢得国际竞争主动的战略资源。因此，人才强国战略十分重要，人才强国战略是其他战略的重要基础，也是我国应对激烈的国际竞争和解决国内发展难题的重要保障。在这一思想的指导下，四川省委、省政府积极落实人才政策，着力从多个方面构建人才治理体系。为有效应对国外以及国内各省的人才争夺大战，四川坚持"聚天下英才助川发展"理念，出台了一系列人才政策，主要集中在对人才的扶持政策，如《四川省"天府万人计划"实施办法》《关于大力引进海外人才、加快建设高端人才汇聚高地的实施意见》《"天府工匠"培养工程实施方案》《"天府万人计划"天府文化领军人才项目实施方案》《关于实施成都"城市猎头"行动计划的若干措施》。这一系列政策的设计主要是以吸引人才为目的，吸引大量的适龄人才，取得了较好的成果。成都市人才增长速度非常快，极大改善了成都市人才队伍的结构。

截至 2019 年 6 月底，成都市累计吸引大学本科及以上青年人才 28.6 万余人，占全市同期人口迁入总量的 38% 左右，其中，研究生以上学历人口占比 10.2%。猎聘网的数据显示，全国只有 5 个城市的高端人才实现了净流入，其余城市的高端人才均为净流出。

从以上数据可以看出，成都市有较强的人口吸附力，与川内地级市人口联系密切，能够广泛吸纳四川其他地区人才；成都市与其他省会城市以及东部沿海区域人口流动量较大，对一线城市的中高端人才吸引力较大。

7.2.2 重庆人才聚集与流动的主要特征

重庆出台了《重庆英才计划实施办法（试行）》《重庆市引进高层次人才若干优惠政策规定》《重庆市中长期人才发展规划纲要（2021—2035年)》、鸿雁计划等多项人才发展计划。重庆市不断抓好人才引育工作，完善瞄准高端人才的"塔尖"政策和针对青年人才的"塔基"政策，大力实施重庆英才计划，办好重庆英才大会，做好重庆英才品牌；强化人才激励，设立人才奖金，分类推进人才评价机制改革，落实以增强知识价值为导向的分配政策；优化人才服务，实施人才安居工程，完善全过程、专业化、多层次的人才服务体系，努力营造"近者悦、远者来"的人才环境。

从历年数据来看，重庆市是一个长期人口流出的城市。根据猎聘网发布的《2019年上半年重庆中高端人才报告》，截至2019年6月底，全国只有5个城市的中高端人才实现了净流入，其余城市的高端人才都是净流出，重庆的高端人才净流出率为0.67%。

从以上数据中可以看出，重庆的人才吸引力较弱，与其他发达城市之间人口流动量较大，对中高端人才吸引力不足。

7.2.3 成渝地区双城经济圈人才聚集与流动的主要特征

一个地区的人才流入率、流出率一方面会直接反映该地区的相关政策、对人才的重视程度，另一方面能反映出该地区的经济发展程度。Boss直聘发布的《2020人才资本趋势报告》显示，目前各大城市推出的"抢人大战"正在从单一城市向区域合作转变。数据表明，虽然成都和重庆的单一城市吸引力并没有北京、上海、广州、深圳等城市的吸引力强，但成渝地区双城经济圈的人才净流入率位居前列，这表明成渝地区双城经济圈在吸引外地人才方面具有一定的优势。与此同时，成渝地区双城经济圈内部各地的人才吸引能力表现出了极大的不均衡特征，部分城市的人才流失非常严重。大量的人才流失，一方面会制约区域的经济发展，另一方面会削弱整个区域的综合实力和竞争力。成渝地区双城经济圈的人才流动主要呈现出如下趋势。

（1）向核心城市流动。

成渝地区双城经济圈的内部各城市之间的总体经济发展状况、经济发展速度不平衡，导致了人才流动的区域化特征——向核心城市成都、重庆聚集。首先，成渝地区的高等院校大都集中在成都、重庆，这导致很多毕业学生在就业时大都会选择这两个城市。其次，由于经济条件以及其他原因等，大量人才会选择流入成渝地区双城经济圈的核心城市：成都、重庆，而二、三线城市不仅没有足够的人才流入，甚至还会出现原有的人才流出的情况。

（2）流出人才主要向东部城市流动。

我国东、中、西部区域之间的整体经济实力存在显著差异，这种差异会影响人才的择业选择。东部沿海地区市场化程度高以及对人才的相关优惠政策使得区域间人才流动的速度加快。数据显示，成渝地区双城经济圈的人才向外流动的城市主要是深圳、广州、上海等经济发达的东部沿海城市。

7.3 成渝地区人力资源服务业

成都、重庆两市都分别建有国家级人力资源服务产业园：成都人力资源服务产业园、重庆人力资源服务产业园。重庆人力资源服务产业园建立时间较早，整体发展相对成熟；成都人力资源服务产业园采取"一园三区"的发展模式，分别在青羊区、高新区、龙泉驿区设有办公地。目前成都、重庆两地的人力资源服务产业园仍处于探索发展之中，其营业收入以企业租金为主，而企业增值服务收入占比较低，盈利模式略显单一。

7.3.1 成都人力资源服务业

成都人力资源服务业的发展定位是搭建人力资源管理部门、中介机构、企业沟通交流的桥梁，通过"三位一体"的方式，联手打造推动行业内的市场资源共享平台与职业发展交流规划的新阵地，为治蜀兴川吸引更多人才。力争到 2025 年，全省人力资源服务机构达到 1 500 家，产业规模超过 500 亿元，从业人员总量达 3 万人；为各类人员提供人力资源服务 2 000 万人次/年，帮助劳动者实现就业和流动 700 万人次/年；建成省级人力资源服务产业园 8~10 个；

基本建立产业化、专业化、市场化、信息化、国际化的现代人力资源服务体系，形成与推动高质量发展相适应的人力资源服务协同发展新优势，实现公共服务有效保障，经营性服务逐步壮大，发展环境日益优化，服务能力明显增强，经济社会效益和人才集聚效益全面提升。

2004年7月2日，成都市人力资源市场正式成立。按照"一园三区"布局，成都人力资源服务产业园包括：高新区园区、经开区园区和青羊区园区，目前均已投入运营。2015年3月7日，成都人力资源服务行业协会在成都成立。该协会由行业内知名服务机构、成都著名百强企业、高校及中等职业学校和社会培训机构等共同成立，是经成都市民政局批准的，由从事人力资源的培训、人才交流、服务咨询机构和人才聘用的企事业单位等自愿结成的行业性、全市性、非营利性法人社会组织。人力资源服务行业协会的成立及时填补了成都地区人才供求对接平台的缺位，能够促进人才交流，大力发挥人才"蓄水池"的积极作用。成都人才园区（青羊区）于2018年9月全面运营。成都人才园区定位于人才公共服务，努力建成西部地区重要的人事人才公共服务中心和人力资源市场化配置服务集成平台、人才信息互通共享智能平台。高新区园区于2017年开园，目前有人瑞、北森、美世等企业在内的共计119家人力资源服务机构入驻。高新区园区将打造成高端人力资源服务产业园区和高科技人力资源服务产业园区，重点发展高端商业咨询、高级人才寻访、人力资源服务外包、人才测评等业务。经开区园区于2016年11月开园，目前有中智集团、智联招聘、英格玛在内的数家知名人力资源服务机构入驻。经开区园区围绕高端装备制造，着力打造高端汽车人才服务产业链，以高端产业汇集高端人才。

成都市按照"一核集聚、四城辐射、两带带动"的服务空间发展格局和总部经济发展趋势，重点在五城区、高新区及其他产业功能区聚集现代服务业人才和总部经济人才，构建引领中西部、辐射全国、具有国际化水平的现代服务业人才队伍；加快金融业、信息服务业、旅游业、文化产业、教育培训业等现代服务业人才开发。综合来看，四川省人力资源服务业呈现出逐步发展态势，产业规模较快扩大，服务业态创新拓展，产业集聚有序推进，服务效能逐步提升，产生了较好的经济社会效益和人才集聚效益，在稳就业、聚人才、助产业、促发展等方面发挥了积极作用。2018年年底，全省共有各类人力资源服务机构1 185家，总营业收入268亿元，服务用人单位127万家次，帮助683万人次实现就业和流动。但与其他省份相比，四川省的人力资源服务业发展还有一定差距。

四川省应该加强人力资源服务产业园的统筹规划和政策引导，推动形成以中国成都人力资源服务产业园为"主干"辐射全域、区域性人力资源服务产业园为"支点"带动周边的产业集聚创新发展格局，发挥集聚、培育、展示、服务功能和示范引领作用；依托区域中心城市和重点产业布局，培育建设一批有特色、有规模、有效益的区域性人力资源服务产业园；鼓励园区创新运营管理模式，通过实施租金减免、创业投资、融资担保等支持政策，吸引人力资源服务机构入驻；鼓励园区建立研发机构、培训中心和孵化基地，提升建设开发水平；支持园区实现开放发展，扩大服务范围，积极承接周边地区人力资源服务转移，打造枢纽型服务基地和跨区域合作发展平台；鼓励有条件的地区合作共建人力资源服务产业园；制定省级人力资源服务产业园认定管理办法，加强对已经建成运行园区的考核评估。《关于加快发展人力资源服务业的意见》的出台，标志着"四川人力资源服务发展年"的正式启动。2020年，四川省人力资源和社会保障厅紧紧抓住省委省政府着力构建四川"4+6"现代服务业体系这一难得机遇，统筹推进"强主体、建园区、创品牌、优业态、聚人才"各项工作，确保四川省人力资源服务产业实现较快发展。强主体就是要引进一批国内外知名机构、培育一批省内领军骨干机构、支持一批"专精特新"中小机构；建园区就是要在大力推动成都国家级和泸州、绵阳、乐山三个省级人力资源服务产业园后续发展的同时，再布局新建若干省级产业园或区域性专业性人力资源市场；创品牌就是要创塑一批有竞争力、影响力的人力资源服务川字号品牌；优业态就是要在做大做强传统业态的基础上，实施"互联网+"行动，大力发展各类新兴业态；聚人才就是要把产业内的领军人才、青年人才、从业人员"三支队伍"建好、建强，同时通过推动产业协同，提升溢出效益，为治蜀兴川集聚更多高素质人才。

7.3.2 重庆人力资源服务业

重庆人力资源服务产业园于2011年7月获国家人力资源社会保障部批准筹建，是继上海人力资源服务产业园之后，全国第二家、西部第一家、部、市共建的国家级人力资源服务产业园，总投资20亿元，位于重庆市渝北空港国际新城。目前，重庆人力资源服务产业园已引进中国中智、广州红海等知名人力资源企业共63家；其中，60%的企业为市外企业，40%的企业为重庆本土企业。

较成都而言，重庆的人力资源服务机构总量相对较少，但整体的发展速度较快。重庆市人力资源社会保障局数据显示，截至2018年年底，重庆市人力资源服务机构达到1680家，同比增加17.89%，营业总收入达307亿元。其中，公共机构42家，经营性机构1621家，民办非营利机构17家。经营性机构中，民营企业有1472家，国有企业有141家，合资及港澳台资机构有5家；行业所属机构有3家。2018年年底，重庆市人力资源服务业从业人员达2.46万人，同比增长10.31%；全市人力资源服务机构营业总收入达307亿元，同比增长15.4%。当前，重庆市人力资源服务业正处于规模不断扩大、服务产品日渐丰富、服务能力持续提升、人力资源市场化配置程度不断提高的发展阶段。

7.3.3 人力资源服务业对成渝地区双城经济圈的作用

在推动成渝地区双城经济圈建设的过程中，人才资源将发挥支撑引领的战略资源作用。人才合理流动和高效聚集是建好成渝地区双城经济圈的重要支撑。从成渝地区双城经济圈功能定位来看，想要建设具有全国影响力的重要经济中心，亟须加大产业、金融、商贸等人才聚集力度，加快提升综合经济实力；想要建设科技创新中心，亟须加快集聚"高精尖缺"人才和团队，着力增强创新能力；想要建设改革开放新高地，亟须提升人才队伍的国际化水平，以人才开放推动改革开放；想要建设高品质生活宜居地，亟须大量规划设计、生态环保、医疗卫生、文化创意等人才，让人才在流动和集聚中支撑成渝地区双城经济圈建设。人才是支撑发展的第一资源，人才合理流动是推动资源有效配置的应有之义，人才高效集聚是推动经济高质量发展的关键举措。推动人才发展是成渝地区双城经济圈建设面临的一项重大而紧迫的任务。一方面，建设成渝地区双城经济圈要充分发挥人才的支撑作用；另一方面，建设成渝地区双城经济圈要充分发挥人才的引领作用。人才资源是各种生产力要素配置中最具活力的部分。高层次人才的聚集，可以助推成渝地区的产业转型升级，可以推动实现创新驱动发展。

第四部分

成渝地区双城经济圈
人才长效发展的策略研究

8 成渝地区双城经济圈人才协同发展面临的困难

本章主要根据成渝地区专业技术人才队伍建设的现状，从不同视角分析成渝地区双城经济圈人才协同发展面临的困难。本章的内容主要包括以下几个方面：成渝地区双城经济圈人才协同发展的基础是现有的人才资源，成渝地区人才资源的总量和质量有待提升；成渝地区双城经济圈人才协同发展的支撑是人才的聚集效果，成渝地区人才集聚的效能效应仍须增强；成渝地区双城经济圈人才协同发展的保障是成渝地区人才协同的规划；成渝地区双城经济圈人才协同发展的进一步提高依赖于人才对外开放的水平，而成渝地区的人才对外开放程度亟待提升。

8.1 人才资源的总量和质量与建设目标不相适应

8.1.1 人才资源总量和质量有待提升

截至 2015 年年底，全国人才资源总量稳步增长，人才资源总量达 1.75 亿人，人才资源总量占人力资源总量的比例达 15.5%，2020 年基本实现人才总量达 1.8 亿人、人才资源总量占人力资源总量的比例达 16% 的规划目标。全国人才队伍素质明显提升。每万劳动力中研发人员达 48.5 人，比 2010 年增长 14.9 人，超出 2020 年规划目标；党政人才、企业经营管理人才和专业技术人才中大学本科及以上学历所占比例达 42.4%，比 2010 年上升 8.2 个百分点。截至 2018 年年底，成都人才总量以年均 12% 的速度增长，平均每年增长约 30

万人，全市拥有各类人才已达 500 万人。成都通过人才吸引政策已累计吸引大学本科及以上青年人才 28.6 万余人，占全市同期人口迁入总量的 38% 左右，其中研究生以上学历占比达 10.2%，30 岁及以下年龄占比达 80.4%。但是，成都市人才总量仅占全国人才总量的 2.86%，总体上人才总量不足以支撑成都市各产业的发展，企业仍缺乏合适的人才资源。

成都市高层次人才总数不断递增。成都市国家"千人计划"专家达 233 人，位居全国副省级城市前列；有四川省"千人计划"专家 672 人、顶尖团队 55 个，分别占全省的 84%、76%；有自主评选的"蓉漂计划"专家 463 人、顶尖团队 47 个。成都市人才作用日益凸显。全市引进的 463 名高层次创新创业人才主要涵盖生物医药、电子信息、新能源新材料等战略性新兴产业领域，拥有知识产权 1 395 项，2016 年人才所在企业实现年销售收入 1 353 亿元，创造税收近 90 亿元，"人才红利"充分释放。但是将高层次人才总数与社会发展速度相比较，成都市各行各业的发展均受到高层次人才数量的限制，仍需要引进高层次人才。

截至 2018 年年底，重庆市人才总量达到 527.6 万人，占人力资源总量的 29.6%；中高级专业技术人才 86.7 万人，占专业技术人才的 50%；高技能人才 99.7 万人，占技能人才的 27.7%。其中，"两院"院士有 16 人，国家"千人计划"人选有 114 人，"万人计划"人选有 100 人，百千万人才国家级人选有 110 人，做出突出贡献的中青年专家有 98 人，享受国务院政府特殊津贴专家有 2 644 人，中华技能大奖获得者有 10 人。但是，重庆市人才总量仅占全国人才总量的 3.01%。将人才资源总量、高层次人才总量与人力资源数量相比较，重庆的人才资源群体仍需扩大，高层次人才供给仍处于不充分状态。

8.1.2　人才队伍结构不合理

如图 8-1 所示，截至 2016 年年底，成都市人才总量为 408.43 万人。其中，党政人才 7.34 万人，占人才总量的 1.80%；企业经营管理人才 26.80 万人，占 6.56%；专业技术人才 164.50 万人，占 40.28%；技能人才 168.30 万人，占 41.20%；农村实用人才 40.26 万人，占 9.86%；社会工作人才 1.23 万人，占 0.30%。成都市人才总量比上年增长了 32.19 万人，增幅为 8.55%。

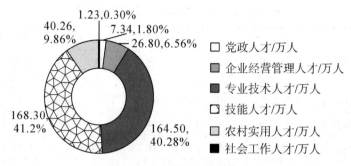

图 8-1 成都市人才队伍结构

以专业技术人才为代表的人力资源作为最活跃、最重要的生产要素在成渝地区实现自由流动，会对成渝地区构建双城经济圈起到重要的支撑作用。现有人才产业结构分布与成渝地区当前及未来一定时期的产业结构发展不相匹配，现有人才结构不足以支撑成渝地区成为现代制造业基地、现代服务业基地、现代农业基地的经济圈定位要求。成渝两地人才队伍结构的不合理主要体现在以下几个方面。

第一，中高端人才匮乏，队伍素质须进一步提高。成渝两地的人才资源中有一定数量的高层次人才，但高层次复合型人才偏少。专业技术人员占职工总数的比例偏低，成渝两地缺乏经验丰富的工程、金融、财会、法律、现代管理等方面的高水平复合型人才，专业技术带头人数量不足，难以满足快速发展的企业用人需要，人才队伍和企业所需员工特性存在一定差异。

2016 年成都市各类人才中，具有大专以上学历或者初级以上职称的人员有 237.22 万人，占人才总量的 58.08%。其中，党政人才队伍中具有大专以上学历的有 7.13 万人（见表 8-1），占党政人才总量的 97.14%；企业经营管理人才中具有大专以上学历的有 23.40 万人，占企业经营管理人才总量的 87.31%；专业技术人才中具有大专以上学历的有 161.33 万人，占专业技术人才总量的 98.07%；技能人才中具有大专以上学历的有 42.98 万人，占技能人才总量的 25.54%；农村实用人才中具有大专以上学历的有 1.66 万人，占农村实用人才总量的 4.12%；社会工作人才中具有大专以上学历的有 0.72 万人，占社会工作人才总量的 58.54%[①]。

---

① 数据来源：《2017 年成都市人才资源状况报告》（成都人才蓝皮书）。

表 8-1　2016 年成都市人才学历分布情况

类别	研究生		本科		大专		中专及以下	
	人数/万人	比重/%	人数/万人	比重/%	人数/万人	比重/%	人数/万人	比重/%
党政人才	0.59	7.97	4.90	66.79	1.64	22.44	0.21	2.80
企业经营管理人才	1.26	4.70	11.79	44.00	10.35	38.62	3.40	12.68
专业技术人才	7.73	4.70	80.36	48.85	73.24	44.52	3.17	1.93
技能人才	0.35	0.21	7.25	4.31	35.38	21.02	125.32	74.46
农村实用人才	0.33	0.82	0.50	1.23	0.83	2.05	38.60	95.90
社会工作人才	0.01	1.00	0.41	33.00	0.30	24.60	0.51	41.40

截至 2018 年年底，成都市专业技术人才总量达 183.8 万人，具有高级、中级、初级职称的专业技术人员占比为 6.5：41：52.5；成都市引进急需紧缺专业技术人才 2 749 人。成都市有中国科学院院士 9 人、中国工程院院士 19 人、享受国务院特殊津贴专家 449 人、四川省学术和技术带头人 66 人、四川省有突出贡献的优秀专家 151 人、成都市优秀专家 105 人、享受成都市政府特殊津贴 579 人、"蓉漂计划"专家 668 人，有国家级专家服务基地 1 家、四川省专家服务基地 2 家、博士后科研工作站 21 家、四川省博士后创新实践基地 70 家。2018 年，成都市技能人才总量达 201.71 万人，其中高技能人才占技能劳动者的比例达到 30.41%。成都市共有技工院校 38 所，民办职业技能培训学校 405 所，市级高技能人才培训基地 39 个，市级技能大师工作室 89 个。2018 年，成都市获批国家级高技能人才培训基地 1 个、国家级技能大师工作室 1 个。

截至 2018 年年底，重庆市人才总量达 527.6 万人，专业技术人才达 187.21 万人，高级职称人员达 17.3 万人，技能人才达 360 万人。重庆共有院士 15 人，享受国务院政府特别津贴专家 2 644 人。目前，成都市累计建成市级院士专家工作站 88 家、区县级院士专家工作站 26 家，柔性引进院士 181 名、高层次专家 486 名。截至 2019 年 6 月底，从行业分布来看，重庆中高端人才占比前三的依次是房地产建筑、汽车制造、金融三个行业，并且这三个行业中高端人才占比明显高于全国的平均水平。互联网行业中高端人才占比为 11.98%，明显低于全国平均水平。消费品、电子通信、广告传媒教育、能源化工行业中高端人才占比也低于全国平均水平。从职能分布来看，中高端人才在房地产/建筑/物业、人力/财务/行政、销售/客服占比位列前三，分别为15.8%、11.7%、11.3%。人才专业分布方面，重庆中高端人才专业背景主要有工商管理、会计学、土木工程、市场营销、机械设计制造及其自动化、计算机科学与技术、人力资源管理、金融学等。从学历来看，中高端人才学历的本科占比64.70%，其次是大专，占比20.39%，硕士占比则为11.18%。

第二，人才对劳动薪酬的预期和企业所发薪酬不一致。就业人员的薪酬满意度处于较低水平，这导致人才流动处于不正常状态，企业培养人才需要花费一定的精力和成本，不正常的人才流动会影响企业正常运转，给企业带来损失。

第三，专业人才资源群体知识老化现象较为严重。部分高级、中级专业人才年龄偏大，他们过去在大学所学的知识与现在所从事工作所需的知识不匹配。由于工作任务重，他们缺少提升自我的机会，现有技能与现在所从事工作不够匹配。

8.1.3　战略性新兴产业人才储备不足

纵观全球经济发展史，新兴产业既是科技创新的指示器，也是产业发展的风向标，在科技革新力量的推动下以其特有的生命力成为新的经济增长点，推动经济进入新一轮繁荣。2010 年国务院正式发布了《关于加快培育和发展战略性新兴产业的决定》。战略性新兴产业规划是产业结构调整和技术创新发展的战略选择，是寻找新的经济增长点、实现新的经济腾飞而做的长期战略部署[1]。战略性新兴产业代表未来科技和产业发展新方向，并以重大前沿科技突破为基础。战略性新兴产业是新兴科技和新兴产业的深度结合。战略性新兴产业是现代高新科技前沿成果与产业的融合，更加重视节能减排和高新技术研究。

战略性新兴产业处于高速发展阶段，在大数据时代，云计算已经成为新兴技术，与各行各业紧密相连。新技术正处于探索阶段，智能化发展成为行业主流。新兴产业发展的基础是新兴产业人才的培养与供给。产业的发展对于人才的总量与结构都有更深层次的需求，产业的竞争归根结底就是人才的较量与竞

---

① 常晓明，张本照，周贺. 战略性新兴产业的本质属性与政策制定研究 [J]. 经济视角（下），2011（3）：9-10.

争，人才是保障战略性新兴产业健康、快速发展的第一资源，是推进社会经济结构转型的关键要素①。具有知识密集、人才密集、科技密集特征的战略性新兴产业的比较优势的取得，实质上是人才资源数量和质量的竞争，是人才资源开发方式和开发水平的竞争。战略性新兴产业发展的原动力就是自主创新，创新能力人才队伍建设是经济发展过程中的重中之重，企业要充分发挥人才在产业发展过程中的基础性作用②。

战略性新兴产业人才是战略性新兴产业某一领域、某一行业在具备较高的知识与技能，并能为产业及社会的发展贡献出创造性劳动成果的人。而目前新兴产业人才在人力资源产业中占比仍有待提高，高技能人才与实用型人才在产业人才总量中占比较低。在战略性新兴产业中，高层次人才严重缺乏。因此，在后续的人才开发工作中，各地区需要加大人才培养力度，增加战略性新兴人才的整体储备量。

8.2　人才聚集的效能效应与建设内涵不相适应

8.2.1　人才资源协同发展规划亟须出台

人才资源良好的协同发展依赖于完善的人才政策法规和成熟的发展规划。目前，四川省和成都市出台的人力资源产业相关政策主要集中在人才扶持领域，如省级部门出台的《"天府工匠"培养工程实施方案》《四川省"天府万人计划"实施办法》，成都市出台的《实施人才优先发展战略行动计划》《关于实施成都"城市猎头"行动计划的若干措施》等政策。从整体上看，政策设计对人才资源的吸引效果仍需要进一步提升。

重庆市以建立人才强市为方向，积极引进中高端人才。重庆出台《重庆英才计划实施办法》《引进高层次人才若干优惠政策规定》《重庆市中长期人才发展规划纲要（2010—2020 年）》、鸿雁计划等多项人才发展计划，以引进和培育并举的措施为经济发展聚集创新人才。重庆同样缺乏高效、完整的人才吸

---

① 伍婷. 安徽省战略性新兴产业人才供求现状与开发机制研究 [D]. 合肥：安徽大学，2015.
② 陈柳钦. 战略性新兴产业自主创新问题研究 [J]. 中国地质大学（社会科学版），2011 (3)：56-61.

引政策。

人才共享与政策创新问题是现阶段成渝地区发展过程中面临的难题。人才资源协同发展机制缺乏相关更加具体、细化的配套政策和支持措施。吸引人才协同发展的优惠政策和重大技术创新奖励政策还不具有吸引力，致使人才协同发展水平跟不上成渝地区双城经济圈建设的步伐。

8.2.2 创新创业平台建设有待加强

为了实现成渝地区双城经济圈的协同发展，创新创业平台的建设不可或缺，同时成渝地区需要引进和培育更多的创新人才和专业技术人才，激发企业、大学和科研机构的创新活力，提高创新创业效率。成都和重庆两地的公共创业服务平台缺乏，所开展的与国内外的高校、科研机构、企业的学术研讨、智慧沙龙等活动的频率较低。两地公共创业服务平台为创新型项目和企业提供相应服务和支持的能力仍有待加强。

8.3　人才协同的层级、层次与建设路径不相适应

8.3.1 两地存在体制障碍

受客观因素的影响，各地区各自为政的现象仍然比较普遍。成渝两地没有一个良性的合作机制，自然不会有合作的积极性，成都与重庆都存在对合作引发本区域人才"流失"的担忧。区域间的人才交流合作也容易给人才流出地区带来短期的人才短缺问题。人才流失的担忧无法消除，导致各地区参与区域人才合作的积极性不高。成渝两地加大了人才引进的力度，高校、研究院所借助政府雄厚的资金优势到企业"挖人"，导致企业高技术人才流失。政府、企业、高校、行业协会等区域创新共同体之间的关系不太合理[1]。此外，高校、研究院所相互竞价，导致"帽子"人才价格虚高，严重偏离了实际价值，造成国家财政资源的浪费，人才流动脱离了合理化轨道，破坏了成渝地区双城经济圈高端人才一体化的基础。

---

① 曾刚，曹贤忠，倪外，等.长三角科技人才区域一体化障碍及其因应之道 [J].科技中国，2019（12）：73-78.

长期以来，无论是人才政策、资源匹配还是人才服务，无论是准入门槛还是评价标准，成渝两地都存在较大的差异，给区域间的人才流动造成了障碍。成渝两地的职业资格和技术等级体系尚未实现互认，这导致人才市场处于相对独立的分割状态，给区域人才自由流动带来了不利的影响，也导致区域间人才比较优势无法实现互补，区域人才整体实力无法得到提升①。

成渝两地之间的人才柔性流动机制建设不成熟，人才流动面临着一些问题，如户口迁移、身份变化等问题。成渝两地的医疗、养老、教育、社保、就业服务等公共服务存在差异。成渝两地为人才提供的服务保障不同，不利于两地人才的协同流动。

成渝两地人才管理体制不一致。管理体制会直接影响人才的引进和流动状态，人才管理涉及社会化服务体系、人事政策、财税政策等各个方面。成都和重庆有固有的人才管理体制，难以在短时间内达到协同。

8.3.2 两地人才资源没有实现开放式共享

共享经济时代下的人力资源不再局限于某一特定的领域或区域，而呈现出人力资源共享态势。人才共享作为共享经济中的重要内容，随着共享经济的热潮脱颖而出。人才共享使雇佣关系松散化、就业形式灵活化，成为人才集聚的重要新方式②。人才共享可以解决相对落后地区高端人才缺乏、"引育用留"成本高等问题，成为人才集聚发展困境的一大突破口。

为促进成渝地区人才资源的合理流动和高效集聚，成渝两地需要加强各个产业/行业领域的人才交流和共享服务。成都、重庆两地的产业不断向自贡、遂宁、德阳等周边城市转移，产业转移伴随着人才的流动，跨城乡、跨地区、跨行业的流动不断加强，因此产业转移对于人力资源的交流共享服务也提出了新的需求。成渝地区双城经济圈要通过产业协同发展，构建优势互补、分工合理的一体化产业格局，提高人才资源流动性与共享性。

成渝两地缺乏共建共享的人才合作平台，缺乏具体的章程规范和配套措施，没有形成运行正常、成效显著的一体化专门人才信息共享平台、招聘平台、后期服务平台。成渝两地的职业技术培训，如就业洽谈会、专场招聘会等

① 柴蕾. 京津冀区域人才协同发展中存在的问题及其对策分析 [J]. 中国管理信息化，2018，21（18）：186-188.
② 王娟，贾冀南. 人才共享：雄安新区人才集聚新方式 [J]. 价值工程，2020，39（3）：24-25.

活动均处于分离状态，人才资源服务共享平台较少，不利于人才资源特别是高层次人才在区域间有效流动和优化配置。成渝两地在人才共享过程中的信息不对称，导致共享的人才不是合适的人才，或者共享后不能人尽其用。而公共服务的地区差异，极大地影响了人才的共享与流动。如何优化公共服务的资源配置，在教育资源、医疗资源、社会保障等方面加大融合，提升公平性、效率性和便利性，仍然是成渝两地实现共同发展需要思考的问题。

成渝两地合作的领域较为局限，合作的层次不高。如果成渝两地长时间仅仅停留在有限的合作领域，就容易给有意愿来成渝发展的人才造成"假大空"的印象，不利于聚集高层次人才。因此，成渝两地的人才合作领域需要进一步拓宽，合作的内容和形式也需要创新，从而全方位地提升人才合作的质量。

8.4 人才开放的广度、深度与建设使命不相适应

8.4.1 本地人才国际化水平有待提高

成都作为建设西部金融中心的核心引擎，致力于打造现代化的国际之都，走人才的国际化之路。一方面，成都要从全球引进复合型高端商务人才，以及能够创造产业价值的专业技术人才；另一方面，成都要实现本地人才的国际化，通过商务培训、出国交流、参观学习等，拓宽本地人才的国际视野，帮助本地人才树立国际观，打造适合国际人才工作、学习的高端生态圈。目前，成都人才在国际化的进程中，本土人才的国际化培养是主要路径。人才队伍的国际化水平发展不均匀，金融人才、教育人才的国际化水平较高，而高技能人才和传统文化传承人等国际化水平相对较低。因此，本土人才的国际化培养应结合人才队伍实际情况分层次开展：加大公派留学等政策宣传推广力度，鼓励本土人才走出去；举办多层次国际交流活动，以文化交流、项目合作、高端论坛、学习培训等多种形式实现人才"走出去、引进来"，为本土人才打开国际视野、创造国际对话机会；鼓励本土企业、机构实现海外拓展。人才国际化不仅是指人才个体要走出去，而且是指企业机构也要走出去，带着项目、产品、文化主动融入国际化浪潮。"成都人才36条"致力于解决人才源头"活水不足"的问题，瞄准创新型科技人才、高技能人才、专业技术人才和高级管理

人才，以"成才"和"国际化"为目标，提高人才国际化水平，促使更多优秀人才"破土冒尖"、脱颖而出，从跟跑向并跑、领跑地位提升。但是，从整体来看，成都本土人才国际化水平仍不足以支撑成都产业国际化的发展，成都仍需要加强对本土人才国际化的培养力度。

本土人才国际化是重庆建设国际交往中心的必然需要。把重庆建设成为一个现代化的国际交往中心，打造重庆的现代城市群，是实现"一圈两翼"战略的需要，也是重庆建设城乡统筹综合配套改革试验区的保证，更是重庆发展的客观要求和战略任务。想要提升重庆的全球影响力，我们就亟须造就和培养一批各领域、各行业的国际化人才。目前，重庆市紧缺人才总数达数万余人，涉及环境科学、交通运输、法学、财政学、国际经济与贸易等专业，特别是金融、证券、高新技术、交通管理等方面表现得更加明显。重庆市紧缺人才数量较多，人才队伍的外向程度太低，人才队伍的国际化任重道远。

8.4.2 缺乏国际化人才

坚持扩大对外开放是我国的基本国策，大力引进海外人才是对外开放的重要组成部分。要切实做好引进海外人才规划，实施引进国外人才工程，在更大范围、更广领域和更高层次上开展人才引进工作。要进一步扩大国际人才交流与合作，通过人才引进、技术交流、联合开发、合作研究和人员培训等多种形式，实现人才资源的优势互补、合作共赢。成都以建设"内陆开放型经济战略高地"为目标，积极参与国际经济合作，充分利用国内外市场资源，坚持"引进来"和"走出去"相结合，开放的深度和广度进一步拓展。同时，成都依托国际空港、铁路港"双枢纽"建设立体化国际物流通道，深度融入全球产业链，加速构建开放型经济新体系。

自 2017 年 7 月"成都人才新政 12 条"实施以来，至 2019 年 6 月底，成都新增外国人才（持有外国人来华工作许可）7 880 名，在成都工作的国际化人才已大幅增加。"十三五"以来，成都已实施各类外国人才项目 108 项，获国家外专局批准的引智项目 33 项，实施市级引智项目 43 项，评选产生市级引智示范基地（单位）32 个。此外，成都还在美国、德国、加拿大、法国建立海外人才工作站，并在成都建立 4 个国际化人才实训基地。成都正在建立丰富、多元的人才开放政策，成都的国际化人才还较少，不足以支撑起成渝地区双城经济圈建设的重任。

国际化人才是重庆建设城乡统筹综合配套改革试验区的必然需要。重庆具有特殊的市情,城乡二元结构矛盾突出,大城市大农村大库区并存,城市经济比较发达,而农村经济相对落后。全球经济的发展是一个相互依赖、相互影响的过程,而不是孤立的存在。因此,只有放眼全球,通盘考虑,重庆才能在更大范围内合理、有效地配置资源,才能提高国际合作的质量,才能共享全球科技成果和信息资源。2018 年重庆举办国际人才创新创业洽谈会,吸引了诺贝尔奖获得者、50 位中外院士、13 位知名企业家以及来自 38 个国家和地区的 1 300 余名高层次人才参会,大会正式签约引进人才 268 人、落地项目 163 个。重庆市国际化人才队伍建设仍然存在迫切需要解决的主要问题:国际化人才缺乏,尤其是国际化人才队伍中的高端人才缺乏。

9 成渝地区双城经济圈建立 人才发展长效机制的建议

本章内容基于前文所提及的问题和挑战，围绕着产业、人才协同发展问题，突出人才协同与发展协同的关系，试图在全球竞争日趋激烈的今天，在产业结构性调整的环境下，为实现成渝地区人才长期稳固发展，做好新时代人才工作，解决两地当前共同面对的难题提供一定的帮助。本章的建议主要包括：携手协作、同向发力，推动各类人才向成渝地区双城经济圈高效聚集；优势互补、共建共享，打造区域人才全面合作的"成渝样板"；高效共商、项目落实，建立人才协同发展保障机制。

9.1 携手协作、同向发力，推动各类人才向成渝地区 双城经济圈高效聚集

9.1.1 共同争取政策支持

牢固树立人才协同发展理念，相互协作，共同争取国家政策支持。主动对接成渝地区双城经济圈建设国家战略，共同争取重大支持政策和对外开放大通道等重大项目，在两地布局重大科技平台，谋划实施一批重大改革举措，并力争将其纳入《成渝地区双城经济圈建设规划纲要》和重大专项规划。打破区域间户籍、身份、人事关系等制约，支持成渝经济区实现招聘信息共享、互设分支机构、人力资源培训等方面的合作，促进人才协调发展，引导人才流动。营造有利于企业发展的环境，向财政部和国家税务总局争取将中关村科技园区

内企业的税收优惠政策适用于成渝地区双城经济圈的相关主体，为成渝地区企业发展提供优质成长环境，吸引全国各地优秀人才加速向"圈内"集聚，使得成渝地区双城经济圈成为中国经济发展的第四极。在成渝两地实行统一的区域政策，共同抓好规划、方案和政策的编制工作，在成渝中部城市的适当区域，规划建设成渝经济区的产业发展新区，为成渝地区同城化发展创造基础条件。

9.1.2 共同做强成渝"双核"

双核结构模式是指在某一区域中，由区域中心城市、港口城市及其连线城市所组成的空间结构现象①。在我国，双核结构也是广泛存在的，成都和重庆双核结构作为成渝地区双城经济圈的核心节点，影响着整个经济圈的发展与规划。共同做强成渝"双核"，关键是发展经济，经济因素也是吸引人才聚集的关键因素，在经济雄厚、科技发达的背景下势必会吸引人才并形成聚集效应②。成都和重庆是整个成渝城市群地区生产总值的最大贡献者，成渝城市群要实现发展，成都和重庆要做好"双核"引领工作，将成渝地区双城经济圈建设为中国的"人才蓄水池"。从体量、发展规模来看，成渝地区任何单独一地，都达不到作为一个重要增长极的要求。在做大做强的过程中，成渝两地更多地需要合作，只有抱团发展，成渝两地才能产生真正的影响力。具体来说，一方面，成渝两地要进一步加快各自的经济发展，加快基础设施建设，丰富城市功能，形成经济的良性循环；另一方面，处于"双核"地位的成都和重庆，还应该在科研、文化、交通、人才教育方面加大合作力度，加速整个经济圈的建设发展，让成都和重庆成为吸引专业技术人才的"强磁场"。

9.1.3 共同建设高端平台

成渝地区共同打造高端平台吸引人才。成渝地区可以共同推进人才、科技资源共享，实现大型科研仪器设备开放，梳理双方在制造业、电子信息、生物医药等领域已有的平台，建立成渝联合实验室，并将其作为服务和支撑企业创新活动的平台，从而显著降低企业创新活动的成本。成渝两地要共同争取国家

---

① 杜鹃，戴宾.双核结构模式与成渝双核城市［J］.重庆工商大学学报，2007（11）：22.

② 王丹沂，李思晗，高灵月，等.京津冀产业集群人才聚集协同发展战略研究［J］.河北企业，2020（1）：103-104.

的重大科技项目，共同打造西部科技创新中心。此外，成渝地区还应依托双方优势资源，着重共建共享的聚才高端平台，依托两市高校、科研院所和创新企业打造一批科普基地，举办各类学术会议、专业论坛，开展科普活动，实现科技创新的可持续发展。例如省级创新平台的建立，对吸引国内、国际高端人才具有明显的优势。对高端平台共建共享要把握三点要求：第一，提高站位，在推动平台建设成效和产业发展基础上，重点考虑如何提高共建平台和成渝经济圈的号召力和辐射能力；第二，抢抓机遇，平台要抓住国家政策的机会，围绕成渝地区双城经济圈建设规划，促进区域经济发展，主动创造机遇，加快推进平台建设进度；第三，主动出击，积极与科研中心、高校签订合作协议，打造更多聚才的高端平台。

9.1.4　共同延揽优秀人才等

想要做好人才延揽的基础工作，就要形成政府、企业、社会多方共同参与的运行机制，设立专业的负责机构，建立共享人才信息库。成渝地区要加大对人才延揽的资金投入，构建国际化人才创新创业生态，打造前沿基础研究人才新高地。成渝地区人力资源服务产业园应达成战略联盟，充分发挥国家级平台优势和辐射作用，共同打造区域"招才引智"品牌，探索双城人力资源服务供需响应平台，服务区域发展，服务产业发展。成渝地区要通过举办英才创新创业大赛、西部职业技能大赛等行业重大活动，提升抱团聚才效果，建设跨区域人才资源池，促进各类人才向两地高效流动。同时，成渝地区要因地制宜实施高端引智计划、创新型企业家培养等重大项目，推出具有地方特色、发挥引领作用的人才工程，推行更加精准的人才政策。成渝地区要加大一体化招才引智力度，举办成渝两地重点高校联合招聘活动；完善人才引进培养体系，加快聚集专业技术人才，跨区域打造人才延揽平台，合作开展全球高端人才延揽活动，吸引全球人才向中国西部聚拢。

9.2 优势互补、共建共享，打造区域人才全面合作的"成渝样板"

9.2.1 推动平台资源双向开放

川渝自古一家亲，四川和重庆应该牢固树立"不分彼此，携手共进、主动沟通"的观念，积极推进成渝地区走向更繁荣的未来。成渝地区可以在科技、教育、产业等方面实现双向开放，促进两地优势互补、携手发展。在科技方面，成渝地区是我国中西部科技资源最为丰富的地区，拥有众多国家级科研基地和省部级研发平台，通过整合区域内的科技信息资源，用好创新改革试验区、成都国家自主创新示范区等国家级平台，发挥重点实验室、工程技术研究中心的作用，带动两地科技资源高效共享①。在教育方面，成渝地区应加大高等教育平台合作力度，寻找各自发展目标和办学资源的共同点，打破体制壁垒，促进区域高等教育资源融合；建立教学实践平台、研究中心，川渝师资交流和聘用等合作平台，打造双向流通的川渝"教育生态圈"。在产业方面，成渝地区要充分发挥两地人力资源服务产业园的积极作用，形成战略同盟关系，推动两地人力资源服务创新发展；重视数字化发展，打造人力资源大数据共享平台、灵活用工平台等，促进区域人才合作。

9.2.2 推动人才资源双向流动

成渝地区要做好人力资源双向流动工作。首先，成渝地区要促进"一区两群"人才和劳动力资源优势互补和交流。"一区"指的是主城都市区，"两群"指的是渝东北地区，例如万州、梁平、开州、城口、丰都、垫江等县区，以"一区"带动"两群"人才协调发展。成渝地区要探索两地专业技术人才柔性流动机制，促进人才跨地区、跨行业、跨体制自由流动；加快完善人才政策措施短板，加快推出"塔尖""塔基"人才政策，成都、重庆英才服务办法等政策措施。其次，成渝地区要建立人力资源共享机制，推动两地专业技术人才协同发展，建立专业技术人员职称、继续教育互认机制，加强博士后工作站

---

① 王正谱. 以人才协同发展促区域协同发展 [N]. 中国组织人事报，2019-03-25 (3).

（创新实践基地）合作；建立职业资格、等级、专项和岗位技能等证书互认机制，共享实训（实习）资源，深化技工院校合作；加强两地人力资源产业园建设，推进人力资源服务产业协同发展，推动"重庆英才卡"与四川"天府英才卡"对等互认，实现人力资源顺畅有序流动；对于两地入选"英才计划"的人才，要做到在生活上、工作上和政治上给予支持，打破阻碍两地人才流动的政治壁垒。最后，成渝地区要搭建干部人才交流平台；探索建立党政干部互派挂职和多层次、多领域的人才双向交流培养机制，加大在发改、产业、交通、科创、教育等领域干部人才互派交流力度；建立两地工商联（商会）合作机制，鼓励不定期组织两地商会和企业家开展经贸交流，寻求双方合作发展机会，促进企业经营管理人才的交流，努力将成渝地区建成具有全球竞争力的高端人才集聚区、产才融合发展示范区、青年人才荟萃区和体制机制改革先行区。

9.2.3 推动市场服务双向贯通

成渝地区双城经济圈市场一体化发展成为推动成渝地区双城经济圈一体化发展的重要环节。成渝地区要充分发挥市场机制的决定性作用，进一步废除妨碍统一市场和公平竞争的各种规定和做法，清除各种显性和隐性的市场壁垒，促进生产要素跨区域有序自由流动①；全面落实党中央的决策部署，深入贯彻新发展理念，强化共同体意识，协同推动区域市场一体化建设，加快探索建立规划制度统一、发展模式共推、治理方式一致、区域市场联动的区域市场一体化发展新机制，努力在推动成渝地区双城经济圈一体化中展现新作为、做出新贡献；坚持信息互通、资源共享，释放协作协同张力，推动市场环境体系共建；围绕"放管服"改革总目标，推进市场准入政策共享和简政放权改革协同，探索"市场准入异地同标"便利化准入机制，营造宽松、便捷的市场准入环境；进一步整合两地市场资源，实现区域人事、劳动、教育等多部门的双向贯通，构建法则统一、信息互通、功能互补、竞争有序的人力资源大市场。同时，成渝地区也要做好与经济圈周边地区市场、资源、信息等各方面的相互联通，最大限度争取区域以外的资源。

---

① 孙久文. 建立区域协调发展新机制 [J]. 新西部, 2018, 428（1）: 6.

9.3　高效共商、项目落实，建立人才协同发展保障机制

9.3.1　工作协调机制

"工作机制"问题一直以来都是区域发展战略中的必答题。成渝地区从原来的行政区经济向跨行政区的城市群经济转变，在规划、项目、政策等多个层面，都面临着大量的协调工作。完善协同落实机制，确保各项工作协调高效运转，对解决区域一体化发展进程中的瓶颈问题具有很大的推动作用。成渝地区的工作协调机制可按照"三级运作、协调高效"原则进行推进。三级运作机制由决策层、协调层和执行层组成，保证成渝地区的区域合作的针对性、协调性和高效性进一步增强。具体来说，决策层为四川和重庆主要省级领导座谈会，领导座谈会每年召开一次，审议、决定和决策关系区域发展重大事项，是最高层次的联合协调机制。协调层是常务副省（市）长参加的成渝双城地区合作与发展会议，主要任务是做好主要领导座谈会筹备工作，落实领导座谈会部署，协调推进区域重大合作事项。联席会议一般每年召开两次，后续可按照实际情况轮换承办，主要功能是分析区域一体化发展过程中面临的新形势、新问题；总结成渝地区合作与发展现状；协商确定新一轮合作的方向和重点；协调解决区域发展重大问题。联席会议下设职能部门，负责贯彻落实主要领导座谈会和联席会议确定的重大事项和重点目标任务；协调推进各重点合作专题组和城市经济合作组开展专项合作；提出联席会议商讨的合作项目和研究专题；承担成渝区域合作的日常联络协调工作。执行层是在上级领导的指导下，通过召开办公会议和各专题组会议来运作。执行层包括设在省（市）发展改革委的"重点合作专题组"以及"成渝地区城市经济合作组"。各专题组的工作由省（市）业务主管部门牵头负责。重点合作专题组原则上控制在 10 个左右，并根据合作进展情况动态调整。

9.3.2　政策对接机制

实现区域人才协同发展，关键在于打破各自"独立发展"的思维定式，

推动两地人才政策和制度的互通互容；深入研究国家区域发展政策、人才发展政策，用好用足用活国家政策，激发区域发展、人才建设与政策利好的"磁场效应"①。现阶段，成渝地区的政策标准不统一，区域联动的政策对接机制尚未完全成熟，各区域的政策存在差别。成渝地区是一个统一的整体，有必要在区域内实行统一的区域政策。成渝地区加速筹划出台对接政策，积极对接成渝地区的政策体系，做到统一谋划、一体部署、相互协作、共同实施，促进两地人才协同工作顺利高效开展。成渝地区可围绕基本民生保障、基层社会治理、基本社会服务等方面开展政策对接工作，加强成渝地区双城经济圈在财税工作方面的联动性，逐步形成一套基本统一的政策项目和实施体系。成渝地区可以通过两地政策协同和制度衔接，逐步推进人才合作协同机制改革，促进人才交流合作的常态化和制度化，为双方开展实质性合作提供保障。此外，成渝地区可以对在人才协同发展过程种出现的争端问题，进行磋商解决②。

9.3.3　评估监测机制等

实现成渝地区双城经济圈人才协同发展是国家战略要求，需要通过准确、可靠的统计数据和高质量的统计分析深刻揭示其发展变化，积极跟进人才协同发展进程。成渝两地统计局应加强沟通协同，主要围绕缩小两地区域发展差异、促进区域一体化、人次协调等重点领域，构建一套成渝地区协调发展评价指标体系。通过建立发展评估监测体系，成渝地区可科学、客观地评价区域发展的协调性，为区域人才政策制定和调整提供参考。同时，政府可以通过及时反馈人才配置信息，形成针对人才市场的市场监督体系，媒体和公众则拓展公共反馈渠道③，并在此过程中，逐步完善过程监督机制。成渝地区应该坚持正确、及时、有效的监督原则，实施对区域人才一体化发展的专项督办，营造和维护市场化、法治化、国际化的发展环境；建立结果保障机制，协同管控城际合作项目，适时开展阶段性检查，明确绩效考评标准，加大清单化考核力度，

---

①　魏旋君.协同推进人才建设与区域发展，核心在机制［J］.中国人才，2016（15）：36.
②　邱晓星，徐中.京津冀区域人才协同发展机制研究［J］.天津师范大学学报（社会科学版），2016（1）：37-40，45.
③　黄庆华，周密.依托国家战略推动成渝地区双城经济圈建设［J］.当代党员，2020（11）：26-28.

保护两地人才协同合作成果①；通过完善监督和结果保障机制，实现政府与市场化协同的监督体系；不断优化人才监督体系，确保两地的人才协同机制为成渝地区双城经济圈的产业经济和社会发展服务。

---

① 薛琪薪，吴瑞君. 长三角人才集聚与流动的现状特征与人才协同政策建构 [J]. 上海城市管理，2020（3）：44-51.

10 展望

　　成渝地区双城经济圈建设是国家赋予重庆、四川的又一重大发展机遇，成渝地区双城经济圈建设发展的关键是人才资源实现一体化，人才协同发展将为成渝地区双城经济圈区域协调发展提供有力的智力支撑。在纵深推动成渝地区双城经济圈建设的过程中，人才协同是重要牵引力、驱动力和支撑力，各地只有牢固树立"人才资源是第一资源"的理念，加快推进成渝两地人才协同发展，才能为区域经济的发展提供保障。加强对成渝地区双城经济圈人才协同的研究，特别是专业技术人才协同的研究，将有力推动成渝地区人才协同建设落地实施。我们有足够的理由相信，成渝地区双城经济圈的人才建设及人才协同发展情况将成为研究的重点。成渝地区作为西部在基础设施和创新环境方面最有优势的区域，其数字化经济发展势头良好。《数字四川指数报告（2019）》显示，成都、重庆在全国城市数字总指数排名中分别位列第五和第六，仅次于北京、深圳、上海和广州。

　　同时，我们也要充分认识到，成渝地区双城经济圈人才协同发展尚处于起步阶段，在许多方面还存在着诸多不足。人才协同发展是一项系统工程，不可能一蹴而就，我们要做好长期作战的思想准备。在发展模式上，我们可以参考京津冀协同发展、长三角区域一体化发展等国内其他地区的发展经验，不过，成渝地区也有其独特的产业结构和人才结构，在人才协同发展方面，更需要时间去"谋思路""打基础"，统筹兼顾、着眼长远，唱响人才协同发展的"双城记"。

参考文献

[1] 中国人事科学研究院. 2005 中国人才报告: 构建和谐社会历史进程中的人才开发 [M]. 北京: 人民出版社, 2005: 65.

[2] 罗吉, 王亚华, 赵础昊. 双城关联度测度: 以成渝地区双城经济圈为例 [J]. 经济体制改革, 2022 (5): 75-82.

[3] 赵倩, 沈坤荣. 以城市群建设推动区域经济高质量发展研究 [J]. 经济纵横, 2018 (9): 92-98.

[4] 郭思贝, 郑祥江. 成渝地区双城经济圈科技人才集聚空间溢出效应分析 [J]. 西南科技大学学报 (哲学社会科学版), 2022, 39 (4): 52-60.

[5] 赵智. 成渝地区双城经济圈人口、经济与资源环境系统耦合分析 [J]. 重庆理工大学学报 (社会科学), 2022, 36 (1): 108-118.

[6] 曹晨, 罗强胜, 黄俊, 等. 成渝地区双城经济圈科技创新合作现状分析: 基于社会网络与 LDA 主题模型 [J]. 软科学, 2022, 36 (1): 98-107.

[7] 鲁祖亮, 蔡飞, 黄飞, 等. 成渝地区双城经济圈人口与经济协调发展关系研究 [J]. 西部经济管理论坛, 2021, 32 (2): 1-9, 43.

[8] 王一鸣. 实施区域协调发展战略 [N]. 经济日报, 2017-11-16 (2).

[9] 孙久文. 论新时代区域协调发展战略的发展与创新 [J]. 国家行政学院学报, 2018 (1): 8-10.

[10] 张晓青. 中国区域协调发展战略和政策的增长趋同效应研究 [M]. 济南: 山东人民出版社, 2015: 3-7.

[11] 中华人民共和国国民经济和社会发展 "九五" 计划和 2010 年远景目标纲要 [J]. 人民论坛, 1996 (4): 15-23.

[12] 孙久文. 论新时代区域协调发展战略的发展与创新 [N]. 企业家日

报，2018-09-10（3）.

[13] 查新明. 新疆维吾尔自治区双向开放开发战略研究 [D]. 北京：中央民族大学，2011.

[14] 丁新科. 打造好郑州这个区域增长极 [N]. 河南日报，2019-12-17（5）.

[15] 孙海燕. 区域协调发展机制构建 [N]. 经济地理，2007：5-15.

[16] 董佳. 河南省区域经济效率评价研究 [D]. 成都：西南交通大学，2013.

[17] 史宝娟. 城市循环经济系统构建及评价方法研究 [D]. 天津：天津大学，2006.

[18] 屈宏强. 学校体育均衡发展评价指标体系的构建与实证研究 [D]. 福州：福建师范大学，2012.

[19] 黄佳祯，许强，魏瑶. 成渝经济圈经济效率评价与治理研究 [M]. 北京：中国经济出版社，2019：77-84.

[20] 林毅夫. 成渝地区双城经济圈建设的新结构经济学分析建议报告 [R]. 西南政法大学，北京大学新结构经济学研究院，2020.

[21] 张秀生，黄鲜华. 实施区域协调发展战略的重大意义 [N]. 鄂州日报，2018-01-18（3）.

[22] 余仲华，李鹏亮. 地区性和行业性"十一五"人才战略与规划中定量预测方法的创新性应用技巧探析 [J]. 人力资源开发，2007（4）：15.

[23] 文魁，吴东梅. 科技创新人才研究报告 [J]. 经济与管理研究，2005（12）：44.

[24] 王士红. 人力资本与经济增长关系研究新进展 [J]. 经济学动态，2017（8）：11.

[25] 王福波. 国内外人才流动理论研究综述 [J]. 重庆三峡学院学报，2008（2）：118-123.

[26] 马荷花，王小军. 中国省级城乡人口流动成因的研究：基于第六次人口普查数据 [J]. 人口与发展，2017（3）：25-36.

[27] 马荷花. 中国省级城乡流动成因的研究 [D]. 长沙：湖南大学，2017.

[28] 刘畅. 关于我国人力资本与区域经济协调发展关系的探讨 [J]. 人口与计划生育，2012：3-8.

［29］袁兴国. 区域人才集聚与活力激发的路径探析［J］. 中国人事科学，2019：7-26.

［30］张延平，汪安佑. 企业人力资本增值研究［J］. 技术经济，2003：5-25.

［31］王传旭，王建民. 区域人力资本与经济增长：基于皖北振兴的实证研究［M］. 合肥：合肥工业大学出版社，2016：225-232.

［32］常晓明，张本照，周贺. 战略性新兴产业的本质属性与政策制定研究［J］. 经济视角（下），2011（3）：9-10.

［33］伍婷. 安徽省战略性新兴产业人才供求现状与开发机制研究［D］. 合肥：安徽大学，2015.

［34］陈柳钦. 战略性新兴产业自主创新问题研究［J］. 中国地质大学（社会科学版），2011（3）：56-61.

［35］曾刚，曹贤忠，倪外，等. 长三角科技人才区域一体化障碍及其因应之道［J］. 科技中国，2019（12）：73-78.

［36］柴蕾. 京津冀区域人才协同发展中存在的问题及其对策分析［J］. 中国管理信息化，2018，21（18）：186-188.

［37］王娟，贾冀南. 人才共享：雄安新区人才集聚新方式［J］. 价值工程，2020，39（3）：24-25.

［38］王正谱. 以人才协同发展促区域协同发展［N］. 中国组织人事报，2019-03-25（3）.

［39］孙久文. 建立区域协调发展新机制［J］. 新西部，2018，428（1）：6.

［40］魏旋君. 协同推进人才建设与区域发展，核心在机制［J］. 中国人才，2016（15）：36-36.

［41］邸晓星，徐中. 京津冀区域人才协同发展机制研究［J］. 天津师范大学学报（社会科学版），2016（1）：37-40，45.

［42］黄庆华，周密. 依托国家战略推动成渝地区双城经济圈建设［J］. 当代党员，2020（11）：26-28.

［43］薛琪薪，吴瑞君. 长三角人才集聚与流动的现状特征与人才协同政策建构［J］. 上海城市管理，2020（3）：44-51.